U0153341

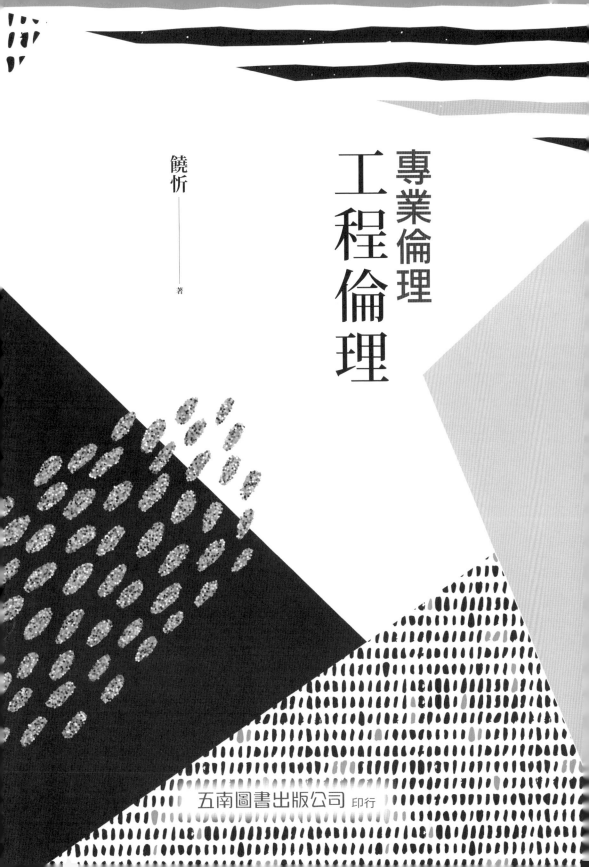

專業倫理

工程倫理

饒忻——

著

五南圖書出版公司 印行

校長序

　　中原大學創立於1955年，秉持基督愛世之忱，以信、以望、以愛致力於國家之高等教育，旨在追求真知力行，以傳啓文化、服務人類。多年來，我們推動「全人教育」，培養兼備專業知識、品格涵養和世界觀的知識分子為教育目標。自102年的教學卓越計畫我們提出了人才特色優勢共構計畫起，「專業倫理品格實踐」的特色內容一直是本校在高教深耕上的一大亮點。

　　卅年前本人曾在全國大學商管學院院長會議上，向教育部提議將「商事法」、「企業倫理」列入全國大學商、管學院的必修課。現在國內經歷了黑心油等食安風暴、國外的安隆風暴與著名車廠、製鋼廠造假風波，證明當時力排眾議的堅持是對的。為了強調專業倫理的重要性，中原大學除了成立專業倫理教學發展中心，將專業倫理列為各學院之院通識必修核心課程外，並透過種子師資的培訓與多元媒材的發展，持續精進校內各學院倫理課程與教材。這幾年來，本校也陸續推動大型論壇及全國專業倫理個案競賽，持續將本校「專業倫理」經驗擴散至其他大專院校。例如106年6月舉辦的「全國專業倫理」個案競賽，以「善用知識力行社會公民責任」為主題，計有大專校院師生跨系或跨校共160組隊伍參賽，引起廣大的迴響。同時，透過國際與國內專家學者之交流及借鏡國外學校之經驗，精進本校專業倫理課程之教學與內容，希冀能厚實能力並協助擴散至大專校院與企業。我們相信透過專業倫理與全人教育之落實，不僅能提升大學畢業生就業競爭力，也是實踐大學教育在社會責任上基本且必須的功能。

　　為增進專業倫理的教學、推展各界對專業倫理的重視，我們邀請

了中原大學歷年教授專業倫理的種子教師們，將累積的教學心得去蕪存菁編撰成系列叢書，與各界分享「專業倫理」的教學內容與經驗。在這本《專業倫理——工程倫理》中，我們特別感謝饒忻教授，對倫理教育工作的投入。期待本套叢書的出版，能夠在推廣專業倫理的教育上拋磚引玉並達成擴散效應，轉化「倫理能不能教？」的疑問成為「倫理要如何教？」的教育議題，以符合中原大學「篤信力行」的校訓及「教育不僅是探索知識與技能的途徑，也是塑造人格、追尋自我生命意義的過程」之教育理念。

中原大學校長

張光正

107年2月

自　序

　　工程倫理議題涉及社會大眾生活的各重要層面，含括公共安全、眾人健康與環境維護等，又與工程執行中的各種人際關係如同僚、雇主、部屬、客戶、代理商、企業組織、政府部門等錯綜交織，因此「工程倫理」這門學科的教與學非常值得探討與精進其素質。

　　筆者擔任工程倫理課程的講授已超過20年，初始就不同的工程倫理議題進行專題性的講授，並要求學生寫學習心得、期末發表個案研討報告，彼此切磋，期許他們將所學內化於心，日後在職場能實踐於外。後來受哈佛倫理大師Michael Sandel互動式教學的啟發，因此就設計多元層面的個案討論，在課堂上師生、學生之間進行互動，以拓展學生對倫理議題的視野，並促進他們對課題作更深入的瞭解與反思。

　　此書共分成十六章：第一章為工程倫理的綜覽，為讀者介紹何謂工程倫理與其相關基本事項；第二章針對專業倫理學作基礎介紹，作為其他章節論理與應用的根據；第三章至第九章則講述當我們在進行工程實務時，面對不同對象（如社會大眾、環境、雇主、同僚、專業本身、供應鏈成員、競爭者）時，可能產生的倫理議題；第十章至第十五章則提出工程倫理相關的熱門議題（如核能發電、資訊科技、經濟發展、生產發展、永續經營、智慧財產權等），讓讀者從不同角度探討合宜的解決方案及其可能造成的影響；最後第十六章提出倫理問題解析方法（八大步驟法），供讀者遭遇倫理問題時，能快速並正確的進行倫理抉擇，找出最適當的解決方式。此外，並附錄不同工程領域的倫理守則與相關法規，希冀在難以避免的倫理衝突中，可尋獲遵循之道。另本書提供許多案例，供教學或自修者更明確掌握爭議性問

題之根源，進而有機會導向最佳的因應方案。

最後要感謝本校兩位工學院前院長王晃三教授與鄧治東教授，以及前專業倫理中心主任林文瑛教授的鼓勵與支持，催生此書。同時，同時，本書在撰寫過程中，亦受到多人的幫忙與協助：首先感謝中原大學張光正校長撥冗寫序，也謝謝夏誠華教務長、專業倫理中心前後任的主任、職員與一起切磋的專業倫理教師們所給予的指導與關懷。再來特別要謝謝我的研究生團隊：慶銓、豈浩、御廷、明憲、建瑋、鼎傑以及厚安，花費相當多的時間幫忙收集資料與協助撰寫，讓本書內容更加豐富。同時也要謝謝眾多前輩所提供的資料與五南書局編輯團隊的協助。然而，在此引用中原大學工工系的精神標語：「There is always a better way」自勉，相信本書定有可以再改善的地方，希望讀者能不吝賜教，提供改進的建議，使本書內容能更臻佳境。

中原大學工業與系統工程學系

饒忻

2018.2.7

CONTENTS
目　錄

謹將本書獻給我所摯愛的家人：在天上的父親、時時叮嚀我的母親、一直照顧我的妻子與我們所愛的孩子以愛、以恩。

　　願上帝賜福給讀者有勇氣面對倫理問題，有機會展現美德，讓社會因我們的努力與擇善固執而更好。

第一章
工程倫理綜覽

在探討工程倫理各項議題之前，讓我們先針對工程（Engineering）、倫理（Ethics）與工程倫理的基本定義加以了解，並對工程倫理之範疇與守則，以及工程師的責任與素養，還有倫理學的基本概念先做整體性的介紹，後者介紹於第二章。

第一節　何謂工程？

在一般大專院校裡有理學院、工學院、商學院、文學院、設計學院、藝術學院、教育學院或醫學院等學院，各學院所學習的課程或就業時所從事的工作大不相同。理學院有物理、化學、生物、數學、心理等學科，所學的東西較偏向基礎之自然科學。而工學院有土木工程、化學工程、機械工程、工業工程、醫學工程、電子工程、資訊工程、電機工程、環境工程、材料工程、冶金工程等專業學科，其所學的東西較偏向將自然科學及數學的發現應用出來，解決各類的問題，進而造福社會，例如發明了機器設備，幫人們做事做得更好更快。然而在其解決問題的同時，各種資源的限制，包含人力、物資、成本、能源、技術與時間等的約束，造成進行工程任務時的挑戰性。因此有人認為工程常會因人們的理想有以下神聖特質：

1. 工程是光榮崇高，任重道遠。
2. 工程是流血流汗，創意實踐。
3. 工程充滿挑戰，攸關社會福祉。

位於臺北的101大樓就是個例子，2013年被CNN評選為世界25項偉大建築之一，2004年12月開幕後，是全球第一座標高突破500公尺的摩天大樓，曾擁有全球最快速的電梯，其抗震結構也是很獨特的，中心是由8根

巨柱組成，讓臺北101抗震力更強。頂樓抵抗大樓搖晃的調質阻尼器也是全球最大。除此之外，101使用的雙層隔熱玻璃幃幕、垃圾運送及減量系統，使得101成為全球最大、最高的綠建築。雖然高度的紀錄被加拿大西恩塔與杜拜塔超越，不過對於抗震及環保的構思卻不是其他大樓能夠比擬的。同時其跨年時鐘也是最大，每年吸引數以萬計的國內外人潮，為建築界寫下許多里程碑。除了臺北101，CNN也評選了萬里長城、埃及金字塔、俄羅斯的橫越西伯利亞鐵道、巴拿馬運河、法國米約大橋、倫敦地下鐵、日本大阪關西機場、舊金山金門大橋、加拿大多倫多西恩塔、西班牙塞哥維亞輸水道與美國亞利桑那州／內華達州的胡佛水壩等偉大建築（Meta線上雜誌 2013）。這些建築都反映了以上工程特質。

另外，當不同角色的成員一起參與一項工作時，各自角色會有不同利益之爭取，追求多贏是我們所有利害關係人本應有的共同目標。然而當某些角色之利益過度主張時，可能會傷及其他角色，也就可能會有倫理的問題，甚至法律的問題。

第二節　何謂倫理？

倫理就是人際關係中我們應該共同遵守的規範，中華文化強調五倫（君臣、父子、夫婦、兄弟、朋友）之關係，李國鼎先生提倡第六倫，特別強調人與陌生人的關係，人與團體的關係，甚至人與自然的關係。其間社會或團體對人所扮演角色之責任要求即是倫理，也因此倫理的問題是無所不在的。也有人從不同之觀點認為倫理有以下之特質（王晃三 1994）：

1. 倫理是「決策動機」最起碼的道德規範。
2. 倫理不是讓人們不自在的事情。
3. 倫理不是不敢告人之事。
4. 倫理問題要考量價值觀、文化和情境差異，並顧及法理情。
5. 倫理有別於法律，倫理的期許超越法律的規範。

6. 倫理觀念的灌輸與實踐必須以漸進的方式達到共識。

7. 倫理問題有如星火可以燎原，防微可以杜漸。

8. 倫理問題常以合理的藉口進行不合倫理的行為。

9. 遵守倫理有時需要付出代價，但終究是值得的。

10. 遵守倫理就是光明磊落、問心無愧。

11. 遵守倫理就是追求雙贏。

常常有人會問道德與倫理有何差別或關係，其實這是個不容易的事情，即便要哲學家說清楚，也是一件困難之事。作家香嚴（2008）將兩者之不同歸納如下，可以參考。

1. 道德是個人存在的位格中，有關自覺的特質；倫理則是個人在社會中生存的角色規範。

2. 道德不具有強制的規範作用，倫理則有規範的力量。

3. 道德對個人而言是一種人格素質的能力，倫理則是一種倫理意識感知的對象。

4. 道德的作用使人心靈自由開放，倫理的作用使人生活安分。

5. 道德是完全自發自主的，倫理是被規約期待的。

6. 道德的位格對於時間空間是不變量；倫理則受到時間空間文化的條件限制。

7. 道德沒有具體內容表現，倫理則有具體的內容表現。

8. 道德的成長是靠啟發而自覺，倫理意識的發展是靠經驗和教育。

9. 道德是以人格主體為標的，倫理則是以社會行為為標的。

10. 道德表現是超我或無我，倫理的要求是大我。

11. 道德行為包含倫理（某一層次的社會倫理），倫理行為不一定包含道德（有道德意義）。

12. 道德是社會改革的動力，倫理則是社會維持的力量。

簡單而言，道德是個人內在自發的人格能力與特質，是有關是非善惡之事；倫理是人際關係中我們應該共同遵守的規範，是社會對人的角色責任之要求。兩者之關係密切，有人說道德要求之範圍較廣，包含了倫理。

另因人的行為是表現在社會（群體）中，因此道德表現常與倫理行為相隨相稱。高度道德人格能力的人，較能充分尊重和體現自己的角色責任，於公義和私情衝突時，多能成全高標準的角色責任，暫時放下私情。相對地，有人苟且偷生，就選擇了私情或利己之事，也有人選擇了做出傷天害理或天地不容的非法之事。

　　同時也有人會問倫理與法律之差異為何？一般而言，法律會將那些必須廣被人民所遵守的倫理項目列入法律規定中，成為具有強制性的社會規範。也就是說法律是最低限度的道德或倫理，法律較為具體也較有約束性（如圖1-1），但是道德或倫理的期許是超過法律有限的規範，更是社會得以維持（存在）和繁延的關鍵因素，特別是一些善良的文化與風俗。

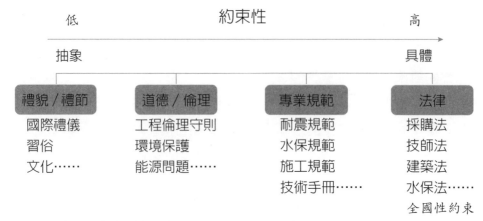

圖1-1　倫理與法律之差異（公共工程委員會 2007）

第三節　工程常見之倫理問題

　　根據王晃三（1994）之研究報告資料彙整結果顯示，工程專業中比較經常遭遇到的倫理問題，通常涵蓋五大項：

1. 明顯違反道德上「善」的問題。

2. 灰階區域內黑白爭論問題。

3. 明顯違反道德與法律，但積久成習的陋規問題。

4. 違法但不容易被察覺，或不便依法執行的問題。

5. 關係利害衝突，抉擇兩難問題。

以上項目中，都是我們在日常生活中所會遇到的困難，而在表1-1中，則是我們在遇到倫理問題時會發生的事件，在遭遇到這些事件要如何去面對？就是我們這本書想要探討的事情。

表1-1　可能常遭遇到倫理問題的事件（王晃三 1994）

安全	饋贈	據實陳述與申報	利益衝突
品質可靠	回扣	檢舉	利益輸送
汙染	公物私用	智慧財產權	合理利益
合約簽署	工作關係	隱私權	公平競爭
綁標	機密	人情	圍標
風俗宗教	勝任	陋規	人道
租用技師執照	忠誠	歧視	關說

第四節　工程師的責任與素養

　　當今的時代趨勢中，環境保護的議題越來越被人們所重視，工程師必須要在考慮如何保護自然資源的情況下去開發新的產品。105年臺南維冠金龍大樓因為地震倒塌，然而也是因為建造過程偷工減料，建築工程師沒有做好完善的規劃，為了讓一樓當作店面使用，把牆壁打掉造成支撐力下降，使得在發生地震時造成了倒塌。當工程師了解自己的責任且遵守時，就能讓意外防範未然，使民眾生活在更安全的社會中。為了讓工程師明確地知道要遵守哪些規章，中國工程師學會早在民國36年就已提出各項準則給工程師參考。依據《中國工程師信條實行細則》（中國工程師學會

1996），工程師有以下四個責任，分別規範工程師對社會、專業、雇主與同僚的責任（詳見附錄A-1）。

一、工程師對社會的責任 ── 守法奉獻、尊重自然

1. 守法奉獻 ── 恪遵法令規章，保障公共安全，增進民眾福祉。
2. 尊重自然 ── 維護生態平衡，珍惜天然資源，保存文化資產。

二、工程師對專業的責任 ── 敬業守分、創新精進

1. 敬業守分 ── 發揮專業知能，嚴守職業本分，做好工程實務。
2. 創新精進 ── 吸收科技新知，致力求精求進，提升產品品質。

三、工程師對雇主的責任 ── 真誠服務、互信互利

1. 真誠服務 ── 竭盡才能智慧，提供最佳服務，達成工作目標。
2. 互信互利 ── 建立相互信任，營造雙贏共識，創造工程佳績。

四、工程師對同僚的責任 ── 分工合作、承先啟後

1. 分工合作 ── 貫徹專長分工，注重協調合作，增進作業效率。
2. 承先啟後 ── 矢志自勵互勉，傳承技術經驗，培養後進人才。

第五節　工程倫理問題之範疇

當進行工程專業業務時，從與利害關係人之利益不同，不同之工程專業人員會觸及的倫理議題有：

1. 與社會大眾相關之倫理議題
2. 與環境相關之倫理議題
3. 與雇主相關之倫理議題
4. 與同僚相關之倫理議題

5. 與專業相關之倫理議題

6. 與供應鏈成員相關之倫理議題

7. 與競爭者相關之倫理議題

除了以上與工程專業參與者之倫理議題外，以下則是為經濟發展時，企業會面臨的倫理議題：

1. 與核能發電相關之倫理問題

2. 與資訊科技相關之倫理問題

3. 與經濟發展相關之倫理問題

4. 與生產發展相關之倫理問題

5. 與永續經營與企業社會責任相關之倫理問題

6. 與智慧財產權相關之倫理問題

在以下的章節中，將依以上所列之議題分章進行討論，並透過案例探討的方式，帶領讀者從倫理學效益的觀點以及道德信念的觀點去探討問題。

第六節　倫理守則

倫理規範雖不是法律，但無論國內外，在不同之產業，會以其專業守則規範其成員之行為，其目的是為了要維持良好的團體秩序，或防止人們破壞秩序，並且促進社會的安定。以下所列為部分領域工程專業守則，其詳細內容請參見附錄A或上網查詢。

1. 中國工程師信條實行細則

2. 公共工程委員會工程倫理守則

3. 美國專業工程師學會會員守則

4. 製造工程師學會專業行為守則

5. 美國機械工程師學會會員守則

6. 國際電機電子工程師學會會員倫理守則

7. 美國土木工程學會工程倫理守則

8. 美國化學工程學會工程倫理守則

第七節　工程師對於工程專業倫理應該具有的能力

　　工程師在面對不同的專案問題時，會需要不同能力來解決問題。如何在日常生活中與工作時培養這些能力則是十分重要的。工程師需對雇主與業主負責之外，兼負保護公眾之安全、健康、福祉與生活環境的責任，而工程專業有助達成專業責任，不容許因為追求私人利益而破壞專業秩序。以下六項是我們面對工程倫理問題時，應該具備的能力（王晃三1994），也是本書所想要帶給讀著，經過課堂上或職場上的案例演練或操練，希望可以得到的能力。

1. 認知工程工作的潛在影響之能力
2. 辨識工程倫理問題的能力
3. 解析工程倫理問題根源之能力
4. 建構化解工程倫理問題解決方案之能力
5. 抉擇解決方案之能力
6. 預防工程倫理問題之能力

第八節　工程倫理問題抉擇方法

　　在解決工程倫理論題之中，我們以伊利諾伊理工學院（IIT, Illinois Institute Of Technology）所發展出來的倫理解析方法為基礎，並加以改善之後，提出一種新型幫助思考並協助我們做出適當倫理抉擇的方法，這種方法我們稱為「八大步驟」：

1. 倫理問題定義及敘述
2. 存在的事實
3. 受影響的單位

4. 違反之倫理守則

5. 尋找可行方案並繼續檢視事實

6. 分別評估各可行方案

7. 結合建構最佳方案

8. 執行

　　本書在最後一個章節將會針對此方法做詳細的介紹，並會使用例子一步一步示範給讀者看，讓讀者明白如何使用這八大步驟來解決倫理的問題。

第九節　案例探討

　　在以下章節中，本書都有實務的案例讓同學進行討論，除了能更了解課程內容外，也希望培養讀者面對倫理難題的抉擇能力，讓讀者動腦思考當自己遇到這些情況時，要如何的去面對並且處理這些問題。

案例1-1　產品設計案例

　　民雄的公司一直在開發一套新設備，由於歷時多年，已耗費公司相當多的資金，再開發不出來，眼看公司就得關門了。目前此一設備之關鍵技術在其中一晶片（Chip），但是試了多次，結果均不理想，這時民雄的老闆忽然想到一個主意，他命令民雄複製另外一家公司產品的晶片之設計理念，以度過難關。（饒忻 1999）

如果你若是民雄，該怎麼辦？

1. 答應，因為員工有忠於雇主的義務。

2. 答應，因為不答應可能就會被解雇。

3. 不答應，因為未經允許複製別家產品的設計理念是違法的。

4. 不答應，因為這有損工程師的專業尊嚴。

討論

　　對於民雄而言，爲了要保住自己的工作或要對公司忠誠，選擇答應老闆但是可能會觸犯智慧財產權法，並且違反《中國工程師信條實行細則》第二條，工程師需敬業守分（可參考附錄A-1）；選擇不答應卻有可能因爲沒研發成功而導致公司倒閉或者是被解聘，需要重新找一份新的工作。不同的抉擇會帶來不同的結果，是身爲工程師或老闆應該要留意的地方。

案例1-2　「餿水油」事件

　　郭烈成在屏東縣購地設「地下油廠」造成刺鼻臭味，經附近居民屢次檢舉未見改善。直至2009年由一老農自行蒐證，在2014年透過友人協助轉請屏東地方法院檢察署指揮偵辦，一舉揭發食安大弊案。

　　原來國內的老牌油品大廠強冠公司，雖然號稱有ISO和食品GMP的認證，但實際上在40年前就開始向屏東郭烈成之類的地下工廠購買回鍋油、廢食用油、餿水油，再加工製成劣質食用油賣出，昧著良心賺黑心錢。此外，強冠公司的董事長葉文祥還自2008年起就從香港進口動物飼料油，加工包裝成食用油，矇騙上千家中、下游業者，牽連許多知名食品企業如黑橋牌、味全、盛香珍、統一超商等，更難以計算有多少問題油品流向中西餐飲店、糕餅舖、小吃攤等。這些黑心油品多年來對民眾的健康危害甚鉅。

（參考資料：維基百科）

如果你是強冠公司的負責人，你會販賣黑心油嗎？

1. 會，因為可以賺很多錢。
2. 會，因為可以開名車，受人尊敬。
3. 會，可以創新。
4. 不會，良心過不去。
5. 不會，對不起社會的栽培。
6. 不會，怕坐牢。

討論

錢或物質或名的誘惑一直是許多人的罩門，他們所想的都是自己的利益，卻忽略了其他人或社會大眾的利益，強冠公司董事長就是其中一例。如果是你，不知你會如何抉擇？這也是本書想要探討的重點。

另外，當時強冠公司販賣黑心油已經很多年，但卻同時擁有ISO和食品GMP（TQF之前身）的認證，是各級政府單位與認證公司應該檢討的地方，不知何處出了差錯？否則難令社會大眾信任，社會也難以進步。

習題

1. 何為倫理？
2. 工程師的責任與素養為哪些？
3. 工程倫理之範疇包括？
4. 工程倫理抉擇的八大步驟為何？
5. 工程師對於工程專業倫理應具備哪些能力？

問題討論

1. 試問你有因為倫理衝突而面臨抉擇的經驗嗎？請舉例說明。
2. 對你而言，倫理的價值在哪裡？
3. 當你是食品加工業的員工，如果你發現食品的添加物含有過量的有害物質，但老闆叫你隱瞞此事時，你會如何處理？

參考文獻

1. Meta線上雜誌（2013），CNN評選世界25項偉大建築成就-臺北101入選，http://www.mmag.com.tw/ad/20130707-editor-733。
2. 香嚴（2008），道德與倫理淺析，http://blog.udn.com/rofaimin-sun/2181401。

3. 公共工程委員會（2007），工程倫理手冊，行政院公共工程委員會。

4. 饒忻（1999），產品設計案例，中原大學工程倫理課程講義。

5. 維基百科，2014年臺灣劣質油品事件。

6. 王晃三（1994），溶入各工程專業課程的倫理教學設計，行政院國家科學委員會計畫報告。

第二章
基本倫理學概論

未深入探討工程倫理議題之前，讓我們先簡單認識倫理學的基本理論，因專業倫理包含工程倫理所談論的問題，幾乎都屬於倫理學理論的應用。在本章會就倫理學的基本分類、道德原則的優先次序、道德義務與美德、道德義務與文化差異等方面加以討論，可作爲之後章節討論之基石。

第一節　倫理學分類

自古以來，倫理學可按不同的角度加以分類（雷秋爾 2010），然而簡單而言，依現代倫理學在道德性質上的論述，可分成以下兩類：

1. 效益論：是從行爲所產生的後果來論定道德的特質，即後果論（Consequentialism），或稱功利主義（Utilitarianism）。代表人物有邊沁（Jeremy Bentham）及穆勒（John Stuart Mill）。強調道德是指一個能產生作爲大多數人的最大功效的行動。

2. 義務論：是從行爲本身具有的一些內部特質來說明是否是道德行爲，即所謂的道德信念。義務論（Deontological Theories）的典型代表是康德（Immanuel Kant）與羅斯（David Ross）。他們認爲好的行爲，如誠實是應該的，是一種義務的自我要求，是要履行義務所規範的行爲。

當我們在面對到倫理問題時，以上兩種論點（效益論與道德信念）會不斷影響我們的決定，如圖2-1所示。在探討問題的過程中，難免會碰到有衝突或是矛盾的情況，要如何抉擇是解決倫理問題最值得探討的。以下三個相關範例的討論，會使讀者更了解效益論與道德信念之間的矛盾與抉擇。

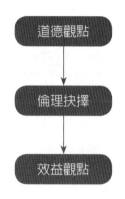

圖2-1 倫理問題的衝突與抉擇

案例2-1 約翰的抉擇一

有一個鐵路工人約翰正在一輛失控的鐵路拖車上沿著軌道疾駛，在別人發現他並想出辦法之前，只能待在拖車上。

這時候他遠遠看到沿著軌道正有五個工人在鐵軌上施工，完全沒有注意到拖車正急速接近。約翰知道在不到三十秒內就會撞上這五個工人，這時候他發現前面有一個鐵軌岔道，岔道上只有一個工人正在施工。

約翰必須在很短的時間內決定他要不要改變拖車的方向，轉到岔道上去，犧牲一個工人的生命，拯救五個工人的生命。（桑德爾 2011）

如果你是約翰，你會改變拖車的方向，轉到岔道上去嗎？

1. 會改變方向，犧牲一個人，救五個人。
2. 不會改變方向。

討論

以效益的角度來看，選擇犧牲一個人來拯救五個人是最有效率的，但若是以道德的觀點來看，不管約翰怎麼做都是不道德的。

案例2-2　約翰的抉擇二

有一個鐵路工人約翰正在一輛失控的鐵路拖車上沿著軌道疾駛，在別人發現他並想出辦法之前，只能待在拖車上。

這時候他遠遠看到沿著軌道正有五個工人在鐵軌上施工，完全沒有注意到拖車正急速接近。約翰知道在不到三十秒內就會撞上這五個工人，這時候他發現前面有一個鐵軌岔道，岔道上只有一個工人正在施工，而此人正是約翰的父親。

約翰必須在很短的時間內決定他要不要改變拖車的方向，轉到岔道上去，犧牲一個工人的生命，拯救五個工人的生命。（桑德爾2011）

如果你是約翰，你會改變拖車的方向，轉到岔道上去嗎？

1. 會改變方向，犧牲一個人，拯救五個人。
2. 不會改變方向。

討論

在這裡，若是以效益論考量的話，拯救五個人的效益是最高的，但若是拯救的對象為自己的父母親的話（孝順），我們的想法很有可能會產生變化，使得這個問題變得更難抉擇。

案例2-3　約翰的抉擇三

有一個鐵路工人約翰正在一輛失控的鐵路拖車上沿著軌道疾駛，在別人發現他並想出辦法之前，只能待在拖車上。

這時候他遠遠看到沿著軌道正有五個工人在鐵軌上施工，完全沒有注意到拖車正急速接近。約翰知道在不到三十秒內就會撞上這五個工人，這時候他發現前面有一個鐵軌岔道，岔道上只有一個封閉的隧道。

約翰必須在很短的時間內決定他要不要改變拖車的方向，轉到岔道上去，犧牲自己的生命，拯救五個工人的生命。（桑德爾2011）

如果你是約翰，你會改變拖車的方向，轉到岔道上去嗎？
1. 會改變方向，犧牲自己，拯救五個人。
2. 不會改變方向。

討論

若是以效益來看的話，拯救五個人的效益是最高的，但是當我們自己遇到危機時，下意識的行為都是保護自己免於受難，因此在這種情況下，我們很有可能會選擇保護自己而犧牲其他人。

在以上三種情況下，每個人的處理方法可能都不會相同，以效益的觀點來看都是拯救五個人較佳。以道德的觀點來看，捨己救人是個高尚的行為，但若我們未能捨己救人難道就不道德嗎？另一方面，如果我們為了拯救他人而犧牲自己，在道德上算是義務嗎？並且我們不能保證如果願意犧牲自己，其他人也同樣會願意犧牲自己。

第二節　道德原則的優先順序

有時候我們會遇到兩種或多種道德原則衝突時，也會讓我們不易抉擇，此時有何優先順序是我們可以依據的，討論於後。

案例2-4　漢斯的困境一（林文瑛 2011）

德國蓋世太保追捕猶太人最緊張的時刻，一個德國人漢斯的猶太朋友告訴漢斯他要躲到朋友家裡去，請他暫時幫忙照顧店面。漢斯答應了之後，蓋世太保追查到漢斯家裡，並且問漢斯知不知道他

猶太朋友的下落。漢斯知道如果蓋世太保捉到他的猶太朋友，就會把他送到集中營去，他的猶太朋友可能因而送命。

請問如果你是漢斯，你會說實話還是說謊？

1. 說謊，因為這樣可以保全猶太朋友的性命。
2. 說實話，因為說謊違反道德原則。

討論

本案例原本是說謊話與說實話之間的抉擇，看似簡單，但卻是拯救人的性命（說謊）與說實話兩項道德原則的衝突，該如何抉擇？讓我們先談談是否在任何情況下都不能說謊？依康德的兩論點討論如下（雷秋爾2010）：

1. 康德認為我們應該這樣思考
   (1)我們應該只能做那些符合「我們希望所有人也都遵守」的規則之事。
   (2)假如我們說謊，我們就是遵守「可以說謊」的規則。
   (3)這個「可以說謊」的規則不可能被所有人遵守，因為這樣我們就無法信賴彼此。
   (4)所以，我們不應該說謊。

   但是牛津大學安斯庫姆（Anscombe）教授認為康德的第二個前提是有待商榷的。事實上，我們是「遵守『我為了拯救朋友的生命可以說謊的原則』」，而且這個原則可以成為普世原則。換句話說，安斯庫姆教授認為絕對義務（Categorical Imperative）是沒有意義的，除非了解絕對義務的行為準則。

2. 康德認為我們無法預測行為的結果，因此只好照道德原則來行為
   在之前案例中，猶太朋友可能改變了藏匿地點，如果你說謊，可能剛好讓猶太朋友被抓到；或者如果你說了實話，可能剛好讓猶太朋友逃過一劫。康德認為，遵照道德行為所帶來的壞結果，行為者不必負責

任，但是不遵照道德原則所帶來的壞後果，行為者必須負責任。然而事實上，雖然行為的後果不容易預測，卻也常常不是那麼不可預測。例如在說謊的困境中，我們可以預測，若說了實話而讓朋友喪生，我們必定會因為幫忙迫害朋友，而受良心的苛責。

當誠實與拯救生命的道德原則相衝突時，我們可能必須選擇犧牲遵守誠實的道德原則，實踐拯救生命的道德原則。也就是說，這種道德原則的優先順序，是有它的普世原則。

案例2-5　漢斯的困境二

漢斯的妻子罹患了一種罕有的疾病，瀕臨死亡，唯一的希望是一個藥劑師剛發明的藥物，但是價格高昂。這種藥物的成本只有200美元，藥劑師卻要賣2000美元，但漢斯舉家只能拿出1000美元。他把所有錢都給了藥劑師，然而藥劑師還是拒絕了，漢斯請求能否以後再支付餘下的，卻仍遭到藥劑師的拒絕。絕望中，漢斯開始考慮偷藥。漢斯應為他的妻子進店偷藥嗎？這樣做是錯誤的嗎？為什麼呢？（Kohlberg 1981）

請問如果你是漢斯，你會去偷藥嗎？

1. 會，因為這樣可以救妻子的性命。
2. 不會，因為偷竊是違反道德原則。

討論

本案例與漢斯說謊之案例類似，是拯救太太的性命（偷藥）與不偷竊（不偷藥）兩項道德原則的衝突，可依之前之討論原則來探討本問題。

其實此案例為柯爾伯格（Lawrence Kohlberg）在提出六道德發展階段時有名之案例，柯爾伯格認為每一個階段都比前一個階段對倫理困境的回應更為進步，這六道德發展階段為：

1. 行為的直接後果與自身的利害關係是關注的重點。（懲罰）

2. 認爲對自己最有利的行爲是正確的行爲。（利己）

3. 別人贊成或反對的態度是關注的重點，希望扮演和諧的社會角色。
（人際和諧）

4. 遵守法律和社會規範是重點。（法律）

5. 應持有自己的觀點和主張，認爲不能提升總體社會福利的法律應該修改，應該達到「給最多的人帶來最大的利益」。（人權、社會契約）

6. 基於普世價值進行道德推理。（普世價值）

　　按照以上六階段，漢斯應不應該偷藥的原因說明於表2-1中，每階段都有其強調之重點。在第六階段，漢斯會去偷藥，其普世價值在於拯救太太的性命高於尊重他人的財產權。

表2-1　利用漢斯偷藥案例說明柯爾伯格六道德發展階段（Kohlberg 1981）

階段	漢斯不應該偷藥的原因	漢斯應該偷藥的原因
1	他會因此被捕入獄。	藥只值200美元，並不是2000美元那麼高，漢斯曾經提出願意付錢，而且他又沒有偷別的東西。
2	坐牢可能會比喪妻更難受。	如果他的妻子獲救，就會活得更快樂，即使他被捕入獄服刑。
3	偷竊是壞事，而他不是一名罪犯。	這是妻子的盼望，他也想成為一個好丈夫。
4	這是非法的。	必須為行動的後果負責。
5	藥劑師有權得到公平的報償，即使他的妻子生病了，也不能證明他的行為是正確的。	不管法律如何規定，每個人都有選擇活下去的權利。
6	其他人也可能急需這種藥，也必須要考慮到他們生命的價值。	拯救生命的價值高於尊重他人的財產權。

第三節　道德義務與美德

　　有些事情你不做，並不會被認為沒有道德或倫理，但一旦你做了，就會被認為具有美德。以下就有幾個例子可以說明，如「不拾起地上的垃圾」不能算不道德，但是「撿起地上的垃圾」則是美德；同樣，「不幫助窮人」不能算不道德，但是「幫助窮人」則是美德。還有大家都在準備升學考試，「不負責將畢業紀念冊做好」並不能算不道德，但是「犧牲準備考試時間，負責將畢業紀念冊做好」則是美德。

　　由以上例子可知，美德的內涵可以多面向的，例如：誠實、忠誠、慈悲、正義、慷慨、勇氣等。至於好不好完成又有程度之分，有些輕而易舉，有些要費一些工夫，有些可能要犧牲生命，像一些革命先烈為國捐軀或傳教士在臺灣奉獻一輩子就屬於後者。以下讓我們來看一個真實案例：

案例2-6　健康幼稚園火燒車事件（林文瑛 2011）

　　1992年5月15日，臺北市私立健康幼稚園師生舉辦校外旅遊教學活動，其中一輛由司機楊清友駕駛的遊覽車，搭載了53位學生、老師及家長，在行經桃園市平鎮區中興路時，因車輛震動電源變壓器，致老舊電源線發生短路，導致電線走火，引燃易燃物而爆炸起火。此時司機楊清友先開啟右前門讓乘客逃離，並欲開啟後座安全門，發現安全門年久失修，無法打開，因此踢破安全門玻璃先行爬出車外。遊覽車隨車小姐于桂英、幼稚園老師黃加添發現遊覽車的滅火器早已逾期3年，無法滅火。遊覽車起火後，路人除了立即報警外，也加入搶救行列。其中，幼稚園老師林靖娟原本已經逃出車外，但因惦念學生的安危，選擇重回火場，不斷上下車，來回奮勇救學生逃離火場，想從死神手中挽救更多孩子的生命。但終因火勢太大，最後懷抱4名幼童葬身火場，壯烈犧牲。這起車禍共造成23人死亡、9人輕重傷，為臺灣歷年來死傷最嚴重的單一遊覽車火燒車事件。

請問如果你是林靖娟，你會再回到火場救更多孩子的生命嗎？

1. 會，為什麼？
2. 不會，為什麼？

我們仔細想想，其實林靖娟老師的行為不是一般人做得到的事，她愛人如己，甚至為了別人願意捨棄自己的生命，救一位幼兒不夠，她希望救所有的人。我們一般人要捨棄財富已不是件容易的事，更別說捨棄生命了。慷慨分享與幫助人，都是我們共同認定的道德原則，但是這些原則的實踐會有一定的人性限制。就算撇開生命這一最極端的犧牲，再仔細想想，為了道德原則，我們又能捨棄財富、名聲、時間、親情、愛情、友情到什麼程度呢？通常的情況，我們無論是對自己或對別人的道德要求，大抵都有一個界限，就是不損失自己的利益為前提。對於能夠克服人性弱點，堅持道德原則的人，我們自然而然會敬佩、會喜歡這樣的人，尊稱他們是聖人、是義人。簡而言之，他們是有美德的人。母親節為何會被普世重視，乃因母親長期無私無悔的付出所致，為了家庭、兒女犧牲了許多自己的生活與生涯。

從林靖娟老師的案例中，我們可以進一步思考「美德」也有程度之分。假設同樣是火燒車，有一位媽媽不顧危險衝上車救自己的小孩，最終不幸罹難，這位媽媽顯然也是有美德的人，但是她成就的美德是母愛，母愛此一美德是有對象性的親情。林靖娟老師成就的則是大愛，大愛則是無特定對象的愛。相較之下，「愛」此一美德，從「順手撿垃圾」的小愛，到捨身成仁的大愛，根據實踐的方式（是否犧牲自己的利益），以及實踐的對象（是否有關係），似乎有個美德的光譜，引領我們從道德義務的實踐不斷去追求美德的最高境界。

第四節　道德義務與文化差異

我們常常會聽到，在不同文化下會有不同行為，當這些不同行為牽涉到不同道德原則時，我們應如何判斷何者是對的？何者是錯的？難道多元文化就有多元價值嗎？先看以下案例（以下案例與論述多引述與修編自林文瑛（2011）與雷秋爾（2010）：

案例2-7　遺體處理方式

　　古代波斯帝國的國王大流士大帝（Darius）因為經常周遊列國，知道許多有趣的文化差異。例如，印度的高蘭地人（Gallantians）在父親死後會將父親的遺體吃掉，而希臘文化卻是在舉行儀式後將父親遺體火化。大流士大帝認為成熟的思考應該是能體認並欣賞文化的差異，有一天，為了教導他的想法，他問了朝廷裡的希臘人他們對於吃父親遺體行為的看法，這些希臘人震驚到無以復加，回答國王說，即使給他們再多財富也不可能讓他們做出這樣的行為。之後，國王請來一些高蘭地人，然後當著希臘人的面問這些高蘭地人，對於燒掉父親遺體的看法，這些高蘭地人表現出無限驚恐的樣子，請求國王不要說這麼可怕的事。顯然不同的文化有不同的道德原則，在某個團體裡被認為是理所當然的事，對另一個團體的成員可能是非常可怕的事。

請問你是支持何種人的作法？

1. 希臘人，為什麼？
2. 高蘭地人，為什麼？

這種文化差異的例子其實很多，以二十世紀初至二十世紀中期散居阿拉斯加、格陵蘭等嚴寒地區的原住民，通稱愛斯基摩人〔Eskimos，自稱因紐特（Inuit）人〕為例，他們因為聚落很小，遠離其他族群，因此發展

出許多與其他文化不同的習俗。例如，男人通常多妻，並且大方與客人共享他們的妻妾，以表示好客。同時，有權勢的男人可以隨時接近他人的妻子，至於他們的妻子如果不想接受這樣的安排，他們的丈夫也沒有意見的話，可以選擇離開他們的丈夫，另尋伴侶。總而言之，他們的婚姻制度是與現代社會很不同的。

事實上，愛斯基摩人不僅在婚姻制度與性關係方面有不同的處理方式，他們對待生命的態度也不一樣，殺嬰事件在愛斯基摩人社會是很常見的，甚至如果當家中的老人身體十分衰弱，便會被丟到雪中等死。因此以外界的眼光來看，在愛斯基摩社會裡，似乎十分欠缺對生命的尊重，以下為愛斯基摩人殺嬰案例，讓我們討論一下。

案例2-8　愛斯基摩人殺嬰事件

探險家拉姆森（Rasmussen）說他碰到一位愛斯基摩婦人，總共生了二十個嬰兒，但是在出生時就將其中的十個嬰兒給殺死了。被殺的嬰兒通常是女嬰，而且這樣做被視為是父母的選擇與權利，不會有任何社會的制裁或責難。

請問你愛斯基摩人殺嬰事件的看法？

1. 是不道德的，為什麼？
2. 是道德的，為什麼？

相信我們一般人的觀點會認為愛斯基摩人的習俗簡直可以說是不道德的，實在難以想像會有這樣的生活態度，同時因為我們比較習慣自己的文化，會認為愛斯基摩文化是不好的，或是原始的。但是從人類學家的角度來看，愛斯基摩人並沒有比較特別，因為人類學家一直就認定對錯觀念是有很大的文化差異的，任何特定文化的道德原則或倫理觀念並不一定能夠被其他文化所接受。

以愛斯基摩人殺嬰的例子來說，這在我們社會是違法的。表面上看來，好像他們與我們的社會價值觀是不同的，好像愛斯基摩人比較不尊重生命，比較不愛他們的小孩。然而事實上，在情況允許的時候，愛斯基摩人是非常照顧他們的小孩的。他們之所以殺嬰，是因為他們的生活環境十分嚴苛，只要稍微錯估環境，就會有性命的危險，例如他們生活在冰天雪地的環境，不適合耕種，打獵捕魚是他們最主要的食物來源，因此他們必須常常遷徙，尋找食物。而在遷徙或做戶外工作時，一個母親最多只能照顧一兩位小孩。同時，愛斯基摩人缺乏節育的觀念，常有無預期之意外懷孕，因此殺嬰通常還是父母在不得已之下所做的最後抉擇，在殺嬰之前，父母會想盡辦法尋求讓其他家庭收養嬰兒的可能性。至於殺女嬰的原因主要有二：1. 食物的主要供應者是男性，因為食物短缺，男嬰自然較會被保護。 2. 打獵風險高，男性早逝比例遠高於女性。因此，無論是對嬰兒的態度而言，還是生命價值觀而言，愛斯基摩社會與我們現代社會並無兩樣，只是他們的生活條件惡劣，殺嬰成為他們確保家庭存活機會的手段。換句話說，是嚴苛的生活環境逼迫他們必須做我們不必做的選擇。

基於以上之討論，我們似乎觀察到「不同的文化有不同的道德準則」，獨立客觀的標準不存在。社會學家桑姆爾（William Graham Sumner）在1907年便主張此種觀點：「所謂『正確』的方式，便是那些老祖宗用過而且傳承下去的方式。傳說中的任何事情都是對的，因為他們本身就是傳統，背後就是祖先鬼神們的權威，因此當我們碰到傳說，我們只好停止分析。」這樣的說法使得許多人開始懷疑普世價值的存在，逐漸相信道德其實是文化相對的，道德並沒有客觀標準以及普世原則。

支持道德文化相對論的人，其邏輯觀點有以下六點（林逢祺 2010，林文瑛 2011）：

1. 不同的社會有不同的道德準則。
2. 特定社會的道德準則決定了在那個社會裡，什麼事情是對的，什麼事情是錯的。
3. 並沒有客觀的標準足以讓我們判斷哪一個社會的道德準則是比較好

的，因此並沒有適用於所有人或所有時代的道德準則。

4. 我們的道德準則不過是眾多準則中的一種，不會有特殊地位或價值。

5. 倫理之中沒有普遍真理，即沒有適用於所有文化之道德準則。

6. 批評別的文化便是傲慢，因此我們必須包容所有文化的道德準則。

以上觀點不知讀者是否支持？仔細分析，有些是對的，有些是錯的。例如第二個觀點與第六觀點可能會造成彼此矛盾，舉以下例子說明，德國納粹在二次世界大戰1939年9月1日突襲波蘭，德國的泛日耳曼思想是我們不能容忍的，但是這種思想顯然是德國社會的理想〔其社會的規範（道德準則）是「不包容」〕。如果我們主張道德文化相對論，顯然我們就沒有立場譴責德國當時的行為，因為他們所做的正是當時德國社會所認為對的事情。

以上論述似乎又發生矛盾，讓我們以邏輯命題方式，再回來討論高蘭地人吃屍體與愛斯基摩人殺嬰案例之文化相對論的論證：

前提

1. 希臘人相信吃死人的屍體是不對的，但是高蘭地人相信吃死人的屍體是對的。

2. 所以吃屍體既無法客觀的說它對，也無法客觀的說它錯，其文化差異很大。

   或者

1. 愛斯基摩人認為殺嬰沒有錯，美國人認為殺嬰不道德。

2. 所以殺嬰既無法客觀的說它對，也無法客觀的說它錯，文化差異很大。

結論

1. 不同的文化有不同的道德準則。

2. 所以道德上並沒有客觀的真理存在，對錯都只是一種態度，文化差異很大。

以上是正確的論證嗎？按照正確論證的定義需滿足以下兩點：1.前提

均為眞，2.邏輯上為有效的論證（根據邏輯法則結論可從前提導出）。現在的情況是，前提是關於「事實」的陳述，前提的確為眞，但是結論並非根據邏輯法則從前提推導出的結論，因結論卻是關於「信念」的陳述，因此這顯然不是有效論證。具體而言，從「希臘人相信吃死人的屍體是不對的，但是高蘭地人相信吃死人的屍體是對的（事實）」的前提，只能得出「所以希臘人與高蘭地人對於吃屍體的行為有不同的意見（事實）」的結論。因為意見不同並不代表兩個都對，有可能是一個對，一個錯，也有可能是兩個都錯。最明顯的例子是我們並不會從「有些社會相信地球是平的，有些社會相信地球是圓的（事實）」的前提得出「所以地理上並沒有辦法判斷地球是平的對，還是地球是圓的對」的結論。在前兩案例中，要注意的是，我們並沒有說「結論一定是錯的」，只是說「從前提得不出這樣的結論」。換句話說，從「道德準則有文化差異的現象」並無法直接得到「道德原則沒有絕對標準，是文化相對的」之結論。

假設文化相對論是對的，其實際意涵究竟為何？至少有三個意涵是我們必須在意的，因為正是背後的這三個意涵讓很多思想家不願意接受文化相對論：

1. 假設文化相對論是對的，那麼我們便無法再說另一個社會的風俗習慣是比較不好的，只能說它是不同的。例如我們無法批評某國政府對和平示威群眾的武裝鎮壓行為是錯的，我們甚至無法說有言論自由的社會是比無言論自由的社會好。因為這都代表我們認為有一個普世通用的準則。

2. 假設文化相對論是對的，那麼我們便無法再批評我們自己社會中的行為準則。例如若有印度人懷疑種姓制度是否是對的，他只能確認這是不是印度社會的準則，若是，只要他是印度人，他便沒有理由懷疑。

3. 假設文化相對論是對的，那麼所謂道德上的進步都是可疑的，因為沒有標準可以說什麼是進步，什麼是退步。例如過去歷史上的改革都是以新的想法取代舊的想法，但是我們以何種標準說新的想法比

舊的想法好？過去有一段時期，美國的女性、黑人都沒有投票權，現在有了，現在是進步了嗎？奴隸制度的改革是進步嗎？

如果道德準則的文化差異不代表道德準則有文化相對性，那麼反過來說，不同社會間存在著不少共同價值觀的事實，是不是反映了不同道德準則有共同基本價值的可能性，從而提供了以共同價值為基礎的道德絕對準則的可能性之證據？我們常常因為注意到別的文化跟我們有相異的文化習俗，而忽略了我們有更多共同的價值。畢竟我們都是人類，道德是基於人性的社會產物，道德不會違背基本人性，就像語言不會超越人的基本認知一樣。社會的目的是傳承與發展，因此幾乎所有的社會都會重視以下的價值：如重視小孩、誠實、不可殺人、孝順父母等。

以上論述試圖從文化相對論討論道德是否有客觀標準嗎？其結論已不言而喻。然而文化相對論提醒我們，許多我們認為理所當然的行為或態度，只是文化的產物，而不是源自於道德準則，也因此與我們想法不一樣的行為或態度，不見得就是錯的，讓我們免於道德上的傲慢與偏見。文化相對論排斥專斷、狂妄，讓我們能夠擁有開放的心態，準備接受與我們不同的想法，也準備接受別人對自己文化習俗的批評。但是文化相對論過於強調文化的差異性，忽略了文化的相似性。文化差異並不等於文化相對，強調文化差異可能導致不切實際的道德相對論，忽略了隱藏在文化相似性背後的道德基礎，也就是道德有客觀共同標準的事實。也許我們很難舉出適用於所有人所有時代的道德原則，但是如果我們會譴責奴隸制度、譴責人口買賣、譴責女性割禮、譴責不准女性受教育，那麼我們顯然還是有一個不屬於特定社會規範的原則作為判斷的基礎。這原則可能是：究竟這特定文化習俗或社會規範是增進還是阻礙了該文化、該社會的人之利益。另包容其他社會是一種美德，但並不是說我們應該包容所有的事情。人類歷史清楚告訴我們，我們曾經因為包容偏見或不義而犯下許多愚蠢、可怕的罪行。如果我們勇於批評、勇於承擔，決心不讓相同的壞事發生在未來，那麼我們就能說我們在道德上有了進步，甚至成長。

習題

1. 何謂效益論？
2. 何謂義務論？
3. 效益論與義務論之差別為何？你較支持哪一論點？
4. 試問何時你會說謊？為了自己的利益？還是為了朋友的利益？
5. 美德有何特性？
6. 何謂柯爾伯格六道德發展階段？
7. 高蘭地人在父親死後會將父親的遺體吃掉，你支持嗎？
8. 愛斯基摩人為何要殺嬰？

問題討論

1. 約翰的抉擇三個案例中，何案例最難抉擇？為何？
2. 對於說謊，康德認為我們應該如何思考？你支持嗎？為何？
3. 試問你最欣賞的美德案例是何？為何？
4. 利用表2-1漢斯偷藥案例，說明柯爾伯格六道德發展階段，你覺得你目前在何階段？
5. 道德文化相對論的人主張的六點邏輯觀點，試討論你的觀點？
6. 試討論「道德其實是文化相對的，道德並沒有客觀標準以及普世原則」，你的觀點？

參考文獻

1. 雷秋爾（2010），《道德哲學要義》，林逢祺譯，桂冠。（譯自Rachels, J. Ethical Egoism. In The Elements of Moral Philosophy. Sixth Edition Boston: McGraw Hill.）
2. 桑德爾（2011），《正義：一場思辨之旅》，樂為良譯，雅言文化。（譯自Sandel, Michael (2011), JUSTICE: What's the Right Thing to Do? Farrar Straus & Giroux.）

3. 林文瑛（2011），《中原大學專業倫理課程種子教師研習營會議手冊》，中原大學心理科學研究中心。

4. Kohlberg, Lawrence (1981). Essays on Moral Development, Vol. I: The Philosophy of Moral Development. San Francisco, CA: Harper & Row.

第三章
與社會大眾相關之倫理議題

第一節　定義社會大眾

　　大眾是指工程設施、產品的使用者，以及曾直接或是間接接觸過工廠、工程、產品之居民或民眾。例如電腦的使用者、橋梁的使用者、電腦工廠附近的居民、橋梁附近的居民都是屬於此類。

第二節　何謂社會大眾之倫理？

　　當一項工程推展出來時，原意都是想讓社會大眾受益，但不留意可能反而會造成社會大眾的危害。這種事情可能發生在各種產業之中，例如工業為了製造產品可能會產生出廢水、廢氣等汙染物質，而造成影響附近居民的生活品質或生命財產安全。因此各家公司在規劃工程、產品的流程時，應該要更為嚴謹，不能只照顧公司利益而忽略了社會大眾之權益，作為有道德倫理的工程師和企業，應該要將公眾之安全、健康、福祉視為至高無上之守則。

第三節　案例探討

案例3-1　RCA汙染事件案例

　　民國五十六年，臺灣美國無線電公司（RCA）公司在當時的桃園市與八德市的交界設廠，經過連續二十多年直接傾倒未經任何

處理的有毒廢溶劑，嚴重汙染土壤及地下水，使周遭的土地直接受到汙染。附近居民及員工因此飲用到受汙染的地下水，長期飲用的居民及員工在身體上受到嚴重的損害（民間司法改革基金2001）。

如果你是當時的主管，且知道傾倒廢料會影響員工的身體，你會怎麼做？

1. 告知下屬會影響的程度，讓他們自己作決定。
2. 不說出來，因為居民若反彈，公司很難處理。

討論

選擇告訴下屬，站在道德信念的觀點，這可能可以避免自我良心責備，尤其所涉及的物質極易危害人體健康安全，嚴重的話甚至可能會致命，作為主管應該要告知下屬其物質的危險性。站在效益及行為後果的觀點來看，作為主管所領取的薪水，跟在危害自己身體健康的環境下工作相比，這實在太不划算了，而且當事情如果爆發出來，可能還會因為主管的職務，遭受到法律的罰責，因此最好的作法還是告知下屬，甚至舉發這種不當的行為。

選擇不說，站在事情發生機率的觀點來看，只要是事情沒有被揭穿，身為主管還是可以享受高薪，而且只要盡量遠離工作環境，應該自身受到危害的機率還是很低的。站在行為後果的觀點來看，如果說了，可能還會因此被解僱。

表3-1為RCA桃園廠附近地下水採樣分析之結果，四氯乙烯與三氯乙烯等物質都超過世界衛生組織之飲用水水質標準，表3-2及表3-3分別列出四氯乙烯及三氯乙烯對人體的危害。當你認識這些化學物質對人體的危害後，在討論以上RCA汙染事件案例中，是否會影響你的抉擇？

表3-1 RCA桃園廠附近民井地下水水質採樣分析結果（民間司法改革基金 2001）

汙染物	世界衛生組織1993之飲用水水質標準（mg/L）	地下水汙染物濃度（mg/L）
1,1-二氯乙烯	0.03	ND-0.0824
1,1-二氯乙烷	NA	ND-0.03605
三氯乙烯TCE	0.07	ND-0.09345
四氯乙烯PCE	0.04	ND-0.2106
氯仿	0.02	ND-0.003
1,1,1-三氯乙烷	2	ND-0.0037
四氯化碳	0.002	ND

ND：未檢出（not detected）、NA：無資料（not available）

表3-2 四氯乙烯健康危害效應（余健良 2004a）

急性	吸入	1. 200-500ppm濃度下，會刺激眼睛、鼻及咽。 2. 1000-2000ppm濃度下，會傷害肝、腎且會抑制中樞神經系統。症狀包括噁心、頭痛、沒有食慾、混亂、暈眩及失去意識。 3. 過度暴露可能造成死亡。
	皮膚接觸	暴露過久導致紅、熱及起泡。
	眼睛接觸	1. 高濃度蒸氣下具輕度的刺激。 2. 濺到會造成疼痛、灼傷及流淚，但不會造成永久傷害。
	食入	1. 2.8-4mL（約4.2-6g）會產生欣快及酒醉症狀。 2. 暴露在高密度之下會造成心律不整和肺水腫。
慢性	過度暴露	1. 可能影響神經系統，症狀有：混亂、記憶力差、手腳顫抖、視力不良及手指麻痺。 2. 可能造成皮膚刺激、乾燥、皮膚炎及皮膚剝落。 3. 可能使肝臟受損。會在脂肪組織內累積一段時間。通常由呼吸排出，也會代謝成三氯乙酸由尿中排出。 4. 肺、皮膚、子宮頸癌比例增加，肝癌不受影響。 5. 若汙染母奶則嬰兒的膽及肝變大，停餵後即痊癒。

表3-3　三氯乙烯健康危害效應（余健良 2004b）

急性	吸入	1. 30ppm濃度下，其蒸氣會刺激鼻及咽。 2. 100-600ppm濃度下，可能抑制中樞神經系統，造成為暈眩、頭痛、噁心及過度疲勞。 3. 高濃度下（1,000ppm）會造成意識喪失、顫抖、肌肉協調功能喪失及視覺異常。
	皮膚接觸	1. 與液體接觸過久可能造成嚴重的刺激及皮膚炎。 2. 亦有報告指出會造成化學灼傷。
	眼睛接觸	1. 其蒸氣會刺激眼睛。 2. 其液體會造成角膜損害但可復原。
	食入	可能造成嘔吐、腹瀉、心臟衰竭、肺出血、神經系統損害及失明。
慢性	過度暴露	1. 造成肝損害及行為問題。 2. 可能造成神經系統傷害，其特徵為顫抖、暈眩、焦慮、心跳速率減慢、手的知覺減弱及失眠。 3. 100-630ppm高濃度下會使男性性能力降低。女性月經的不規則增加，也會引起神經系統混亂。

　　以下聯信廢水案例雖為虛擬之案例，但其牽涉之事項是在企業界常發生的現象，值得探討。

案例3-2　聯信廢水案例

　　聯信電腦公司是一家生產電腦零件的製造廠商，它所排出的廢水中含有少量的鉛與砷。而市政府廢水處理廠處理全市的廢水，並將處理之後的汙泥賣給晶華肥料場，晶華肥料場利用汙泥加工生成肥料再賣給農夫。數年前，市政府曾建立一個限制重金屬排放的標準，以避免排放的汙水破壞農地土壤的品質，這個標準比全國標準還要高出十倍。然而這個標準是根據排放濃度所定的，卻沒有對排放物質的總重量設限。目前聯信公司所排放的廢水符合市政府的標準，然而聯信電腦公司的環保人員知道有一種更準確的測試方法，若採用這種測試方法，聯信公司所排放的廢水將超過政府的標準，

因此需投資許多的資金改善廢水處理設備。李智濤是前聯信的環境工程顧問，因為支持使用這種測試方法而遭到革職。不久聯信接到一份大訂單，必須生產五倍目前的產量，這也意味著要排放五倍的重金屬。總經理郭益誠對得到此一訂單，非常欣慰，因而嘉許工程經理徐德壂。然而徐屬下江大偉是聯信公司的環境工程師，他發現近來公司所排放的廢水均超過市政府的標準，在多次向郭益誠總經理說明其嚴重性均未得到理會後，江大偉決定以「向大眾公開」的方式採取行動。因此展開電視報導，由記者黃磊揭露。（饒忻1999）

如果你是江大偉，你會不會向大眾公開事實？

1. 會，因為工程師必須維護社會大眾的健康與安全。
2. 會，因為不能讓公司一錯再錯。
3. 不會，因為員工有忠於公司的義務。
4. 不會，因為向大眾公開事實會使公司名譽受損，甚至倒閉。
5. 不會，因為揭發事實可能讓自己丟掉飯碗。

討論

　　站在行為後果觀點來看，此時排放廢水的標準是完全符合政府所訂定的規範，只要照著原本的方法運作，便可以無憂無慮的工作下去，而且如果不照做，可能會因此受到解僱。

　　然而，站在道德倫理的觀點來看，若是繼續排放過量的重金屬物質，會造成社會大眾身體健康的危害。例如以《中國工程師信條實行細則》（附錄A-1）中之工程師對社會的責任：「守法奉獻——恪遵法令規章，保障公共安全，增進民眾福祉」為依據；或以《美國專業工程師學會會員守則》（附錄A-3）第一條：「應將公眾之安全、健康、福祉視為至高無上，並作為執行任務時服膺的準繩」為依據，遇到這類型的事件，身為環

境工程師的江大偉更應該拒絕郭總命令，或甚至選擇義不容辭的舉發這種不義事件。

多年來常在新聞中得知重金屬汙染事件（江守山 2006），像是在茄萣海域的綠牡蠣與香山地區的牡蠣銅鋅含量世界第一；在布袋、安平、七股、大鵬等地方的牡蠣含有砷；以及鹿耳門的吳郭魚含汞；市售的文蛤測出含有砷和鉛；桃園觀音與蘆竹的鎘米汙染等，這些事件代表我們生活的環境已被重金屬侵入。「重金屬」指的是密度超過5g/cm3的金屬元素，其中包括汞、金、鉻、銅、鎘、鋅、鉛等。至於砷雖然是非金屬，但是砷和重金屬之間有很多類似的性質，所以一般都合併在重金屬內。

重金屬主要是透過飲食、呼吸與直接接觸的方式進入人體，但它不能在肝臟進行分解、代謝後排出體外，因此重金屬將不斷累積在我們的大腦與腎臟等器官，並且逐漸損壞身體功能。當重金屬進入體內後，會與蛋白質與核酸結合，而蛋白質在體內的主要作用是進行酵素反應，當酵素與重金屬結合時，會導致酵素的活性消失或減弱。而另一方面，當重金屬和核酸結合後，便會造成核酸結構的改變，使得基因突變，進而影響細胞遺傳，造成畸形胎或癌症等情況。至於常見的重金屬之危害詳見表3-4所示，其危害之深是我們任何人應當要特別留意的，特別是從業人員。

表3-4　常見重金屬的危害（江守山 2006）

常見重金屬的危害	
重金屬	對人體的危害
汞（Hg）	中樞神經系統受損、腎臟病變、孕婦汞中毒，易產下畸形兒或是智能不足的嬰兒。
砷（As）	烏腳病、肝腎病變、皮膚癌、肺癌、膀胱癌。
鉛（Pb）	心血管疾病、痛風、腦中風、尿毒症、貧血、認知能力障礙。
鎘（Cd）	痛痛病、肝腎病變、軟骨症及自發性骨折、前列腺癌。
銅（Cu）	肝腎病變、肺癌、中樞神經傷害。

習題

1. 如何定義社會大眾？
2. 何為社會大眾的倫理？
3. 四氯乙烯會造成何種健康危害？
4. 三氯乙烯會造成何種健康危害？
5. 何為重金屬？
6. 常見的重金屬危害有哪些？

問題討論

1. 你認為與社會大眾相關的倫理議題包括哪些？
2. 你會關注公共議題嗎？請舉例說明一項公共議題並探討其倫理問題？
3. 如果政府要推動一項大型公共建設，例如捷運或軌道工程，你認為需要注意哪些與社會大眾相關之倫理議題？
4. 試探討RCA汙染事件案例之始末。
5. 試討論聯信廢水案例江大偉工程師與郭益誠總經理之衝突點及你的論點。

參考文獻

1. 行政院環境保護署網頁，RCA汙染事件，行政院環境保護署。
2. 維基百科，臺灣美國無線電公司汙染事件。
3. 饒忻（1999），聯信廢水案例，中原大學工程倫理課程講義。
4. 財團法人民間司法改革基金會（2001），〈RCA公司傾倒有機溶劑於地下之情形〉，《司改雜誌》，第035期，http://www.jrf.org.tw。
5. 余健良（2004a），四氯乙烯，國立雲林科技大學中區毒災應變諮詢中心。
6. 余健良（2004b），三氯乙烯，國立雲林科技大學中區毒災應變諮詢中心。
7. 江守山（2006），〈如何檢查及治療重金屬汙染〉，《新光醫訊》，第173期，http://www.skh.org.tw/Mnews/173/2-1.htm。

第四章
與環境相關之倫理議題

第一節　何謂環境倫理？

　　倫理是存在於人與人或人與物之間的道德，而環境倫理是人類與自然環境間的道德關係，亦可以說是人類關懷、重視，並且履行保護自然環境與否的道德關係。

第二節　為何需要環境倫理？

　　數千年來，人類沉醉在傲慢的人類中心主義中，認為人是萬物的主宰，人類有權利使用自然，因此大量的開墾天然資源與不斷發展工業與新科技。這樣的發展雖使得文明與經濟的進步，卻也嚴重汙染自然環境，導致全球暖化、物種消失、氣象異常等現象。不可勝數的自然反撲和層出不窮的天然災害，才讓人類意識到與自然環境之間是否應維持著一種永續發展的關係？人類是否妥善使用從各種天然資源所得到的利益？因此人類與自然環境的倫理問題正是目前發展工程時，所必須積極重視的。

　　以下兩案例分別發生在海峽兩岸，雖然已事過境遷，但其實是非常典型，有關環境倫理之議題，特別當與政府推動經濟發展有衝突時，如何抉擇也真考驗了政府的智慧。

案例4-1　長江三峽大壩案例

　　據大陸媒體報導（周同 2006），大陸當局在論證三峽工程時表示，三峽有著「無可替代的」優越性，具體表現在四個方面：發

電效益、防洪效益、航運效益以及造福居民。但是對於三峽建壩的可能影響，專家學者們提出了幾點最嚴重的問題，包括自然環境與人文社會兩方面：

在自然環境方面：

1. 對水土保持與水文規律的巨大改變。
2. 對生態造成重創，造成野生動物（包括部分瀕臨絕種生物）的嚴重威脅。
3. 破壞千萬年來的長江三峽自然景觀。

在人文社會方面：

1. 造成嚴重的人口安置與遷徙問題，並直接導致社會經濟結構的改變。
2. 三峽大壩工程所淹沒的地區，諸多文化古蹟與景觀將不復見。
3. 大壩品質與安全的顧慮，如此大的水壩一旦潰堤，後果將不堪設想。

如果你是報社主編，現在你已經取得三峽大壩工程的環境影響報告，報告顯示，如果建立了長江三峽大壩將會造成長江流域生態的大浩劫，可能會有數百種長江特有動植物的滅絕以及可能因為大壩結構問題造成大範圍災難。這份報告如果刊登在報紙上可能會影響長江三峽大壩議案結果，但是如果刊登出來可能會遭受打壓，造成報社關門大吉以及自身生命安全的危機。你會選擇報導真相嗎？

1. 會，為了維護長江三峽流域的生態環境與上億大陸人民的生命財產安全，將報告以頭版頭條報導給人民了解，希望政府重視，為民謀福利。
2. 不會，為了報社長遠的發展以及自身安全的保障，將報告隱瞞。

討論

　　長江三峽大壩可堪稱世界上最大的水力發電廠，每年可發電840億度供電，對於長江中下游工業及都市用水皆有利。中國長江沿岸居民許多仍

直接取用河水，而由於工業及都市用水品質要求較高，興建水壩有利於水權及水源的統一管理，對於水的品質較有保障。此外，三峽大壩控制宜昌以上100萬平方公里的流域，水庫的防洪量達211.5億萬立方公尺，平均每年可以避免23,000公頃淹水，減低農業損失7.7億元（人民幣，下同），減少都市損失約2億元。

　　長江三峽大壩工程正是一場人類對大自然的挑戰，也是科技與環境的衝突。環境專家已證實三峽大壩壩區的淤泥造成的腐蝕汙染順流而下，甚至抵達長江三角洲上海一帶。三峽庫區蓄水後水流速度減緩，水體自淨能力下降，導致水質已經惡化，水庫的魚種正在減少。此外，大壩的防洪能力是另外一個值得關注的問題。專家說：「三峽工程的確防止了小洪水的發生，但是一個大的擔心是出現大的洪水時會發生什麼。我們實際上看到，大壩使洪水造成的損害更加糟糕，因爲水庫的水蓄得太快，在出現大洪水的時候，水庫不得不排放更多的水到下游，而這可能會造成災難性的後果。」

　　由上述討論可知，若報社以自身利益將訊息隱瞞，將違背《中國工程師信條實行細則》第一條，應尊重自然 —— 維護生態平衡，珍惜天然資源，保存文化資產。若以道德信念來討論，興建三峽大壩除了創造許多紀錄外，所付出的負面代價更是難以估算。根據資料顯示，若是三峽水庫完工，將造成湖北省與重慶等地共20個縣市、140餘城鎮、約1300多個村莊被淹沒，因爲土地被淹沒而被迫遷移的總人數高達113萬人，而36萬畝的耕地與1200餘處古蹟將沉入水底（葉欣誠、郭彥宏 2003）。此一龐大工程，無疑地將對中國大陸與長江流域的生態環境、水文現象各方面，造成巨大的衝擊。但從效益面來看，興建長江三峽大壩對於經濟效益將帶來正向的經濟成長，有助於每年所帶來的洪水與乾旱。

　　已經興建的長江三峽大壩固然可爲經濟以及民生帶來好處，反觀卻已經爲環境帶來衝擊，如何解決這些問題，仍然是官員值得省思與討論的課題。受益於自然環境同時，仍要照顧身邊所處的自然環境，這樣自然環境資源才能取之不盡，用之不竭。

案例4-2　國光石化案例

　　國光石化在2006年被行政院核列為國家重大計畫，這項計畫也帶來正反兩面的衝擊。石化業帶來的經濟效益為世界最先進之新世代石化廠，主要生產石化基本原料及石化產品。每年創造附加價值約4.6千億元，直接就業機會約1.8萬人，關聯就業機會35.7萬人，及增加稅收每年達5百億元以上。

　　帶來的汙染危害不只是懸浮微粒，還包括硫氧化物、揮發性有機物等300多種，更加影響臺灣的潮間帶生態以及白海豚的棲地、水資源與溫室氣體等的環境問題。（《聯合報》2011）

若身為政府官員應履行這項發展的支票，或是顧及臺灣環境而停止發展？

1. 繼續發展，因為這樣才可以維護政府的威信。
2. 繼續發展，因為可以增加工作機會和政府稅收。
3. 停止發展，因為環境的汙染是無法彌補的損失。

討論

　　國光石化又稱為第八套輕油裂解廠，簡稱八輕。政府承諾於民國104年關閉五輕，國光石化興建目的是為了彌補五輕廠關閉後，國內石化生產量的短缺，透過新技術汰換舊有高汙染、低效能的設備，藉此提升臺灣石化業的競爭力，並促進國家經濟發展（李庭蕙 2011）。

　　石化案，它是個「高環評標準」下的產物，每年能創造5000億產值及增加500億稅收的「高附加價值」，在上下游關聯產業更可創造出約37萬員額「高就業機會」。之前政府急於推動八輕，主要其投資金額龐大，超過四至六千億元且能創造就業機會解決失業問題，故政府極力推動，主要就是著眼在其龐大的經濟效益與其所創造的就業機會，期望能提升國家經濟。新加坡石化產能規模已追平我國（以乙烯為指標），新加坡土地面積不到我國2%，人口數為我國18%，然而GDP卻為我國的1倍，且2011年石化產能規模追平我國。由於新加坡業已與中國大陸簽定FTA，石化產

品關稅至2010年已降為0%，故自2005年起，吸引外資在外海離島填海造地進行多項石化投資案，陸續完工之石化廠已成為該國經濟成長主力，故經濟促進者認為我國不應放棄國光石化公司根留臺灣之投資（中技社2010）。

此案標榜經濟、生活、就業等方面好處，但環保上爭議點也不少，簡述如下（中技社2010）：

⑴石化殺健康

醫學已證實懸浮微粒威脅人體健康，微細顆粒很難濾掉，空氣汙染漫天蓋地。在制度多瑕疵，監督效力低，加上溫室效應影響下，石化廠的拓建將嚴重影響國人健康。

⑵白海豚何處去

白海豚分佈於苗栗龍鳳漁港至台南將軍沿海一帶，他們的活動地區為離岸邊3-5公里海域，水深20多公尺的區域。然而因與漁民爭食魚類而遭捕殺，或遇流刺網而被網住無法浮出海面呼吸而死亡，目前僅剩約一百隻，以彰化海岸為重要的棲食地和洄游的路徑，而工程開發改變了水深、鹽度、海流，影響海豚洄游。白海豚靠「聲納」（聲波）辨別方位，測定水深，分辨魚、軟體動物、甲殼類等各種食物。聲納直線發射不能轉彎，發射出去的訊號遇到過度開發後到處都有的水泥土會碰壁、白海豚就會以為沒有食物，最後活活餓死。

⑶水資源問題

國光石化日用40萬噸水，水從何而來？若超抽地下水，導致地層下陷則難以自保。此外，建造石化廠將使彰雲嘉原本的供水情況更加嚴峻，不僅會造成中部用水失衡，同時也產生泥沙淤積，環境維護的困難。

⑷蔬菜、蛋、貝類產地

彰化地區是國內重要蔬果肉品產地，水稻產量全國第一、蔬菜產量全國第二、豬雞肉占全國四成以上，每10顆文蛤就有8顆來自濁水溪口。彰化的土地若被八輕汙染，這些汙染物由工廠排出後，會在大氣、水、土壤

及農作物中沉降，進而間接藉由飲食進入人體。

就上述所言，選擇繼續發展固然是符合政府的期待，亦可以帶動臺灣的經濟，然而發展下所造成的衝擊，卻深深危害國人以及環境。上述所列出的例子中，每項皆違反了工程會──工程倫理守則，八大構面第七條及第八條。此建設案在動保團體及社會大眾的反對聲浪下，目前國光石化案已經停止發展，並尋求新的替代方案，努力朝向創造臺灣經濟與兼顧環境保護雙贏目標。

以下案例是有關保護樹木的案例，看似簡單，但如果與人的生命發生的衝突時，議題將變得複雜。

案例4-3　VCRC案例

凱文是委鄧（Verdant）縣道委員會（VCRC）的工程經理，VCRC對維護全縣道路的安全負有首要責任。委鄧縣的人口在過去的10年裡增加了30%，使該地區的許多二級公路車流量也增加許多。其中森林路（Forest Drive）是一個兩車道的道路，其流量在此期間增加一倍以上，而該路是通往委鄧縣超過60,000人的工業和商業中心的主要動脈之一。

森林路上的樹木沿著路旁生長，長達3英里長。在過去7年中，每年至少有一人開車撞上森林路上的樹木致死，而許多其他的事故也時有發生，造成人、車嚴重傷害和樹木損毀。曾有兩起法律訴訟控訴，這三英里長的道路，未能提供足夠的道路安全，但結果敗訴，因為當時司機開車速度均超過每小時45英里的速限。

VCRC的其他成員施加壓力給凱文，希望他可以提出問題的解決方案，他們所關注的是道路安全，且擔心日後的訴訟會對VCRC不利。凱文於是提出拓寬道路的計畫，然而必須砍掉約30棵健康且高高聳立於公路沿線的樹木。凱文的計畫後來被VCRC接受，並公佈於眾。

　　但是公民環保團體立即抗議，集團發言人湯姆抱怨說：「這些事故是因粗心司機的過錯所造成。砍伐樹木以保護不小心的司機，並破壞我們的自然環境，合理嗎？」

　　許多正反方支持者投書至VCRC，而這個問題也在當地電視台展開激烈的討論。150名居民簽署了一份拯救樹木的請願書，由湯姆提交給VCRC。（Pritchard 1992）

問題探討：

如果你是凱文，你會如何處理這個問題？

1. 直接砍伐樹木，不理會環保團體的抗議。
2. 聽從環保團體的意見，保持原狀。
3. 將樹木移植到其他地方，並向環保團體保證樹木能平安成長。

　　以上案例是有關保護樹木與維護交通安全所發生的衝突，無論如何處理，都有人贊成與反對，是屬於道德原則的優先順序問題，需要很大的智慧，不知你會如何處理？

習題

1. 何謂環境倫理？
2. 環境汙染會導致哪些現象？
3. 在長江三峽大壩案例中，帶給環境什麼衝擊？
4. 在國光石化案例中，帶給環境什麼衝擊？
5. 在國光石化案例中，違反了公共工程委員會倫理守則八大構面第幾構面？

問題討論

1. 若是台塑在你家附近蓋石化工廠，你是否能夠接受這事？為什麼？

2. 你是否支持長江三峽大壩之興建？為什麼？

3. 你是否支持國光石化之興建？為什麼？

4. 當國家經濟發展與環境保持是相互衝突時，如果你身為國家元首，你會如何衡量並同時滿足民意？

5. 在VCRC案例中，你的立場為何？

參考文獻

1. 周同（2006），〈長江三峽大壩〉，大紀元電子報。

2. 《聯合報》（2011），國光石化案。

3. Pritchard, Michael S. (1992), Cutting Roadside Trees, Online Ethics Center.

4. 葉欣誠、郭彥宏（2013），〈希望工程還是歷史浩劫？談長江三峽大壩〉。

5. 李庭蕙（2011），〈國光？先說實話，再談石化〉，《喀報》。

6. 中技社（2010），〈經濟部支持國光石化根留臺灣之投資〉，財團法人中技社。

第五章
與雇主相關之倫理議題

第一節　何謂雇主

　　雇主是建造工程設施、製造產品的公司，以及委託製造商、承包商，生產產品或建造工程的公司，其公司之董事長或總經理為其代表人。他們除了是公司的負責人外，也有權力僱用員工為公司執行與工程相關之業務。

　　時代的推移造就各行各業發展，人們扮演不同的職場角色來運轉社會巨輪，人與人之間的關係緊密，且需要透過倫理來進行規範。人際關係中，彼此應該遵守共通的規範，不論是對自己、對上司、對組織甚至是對與生活中有所接觸的他人，皆是如此。

　　雇主創立或經營公司，提供工作機會給員工，藉由員工一起的努力，公司得以茁壯，為社會貢獻力量，功不可沒。然而雇主對員工應遵守承諾、保持誠信並避免要求員工做出不道德的事情。且雇主所交代的工作，不得超出員工的專業能力。雇主對員工應履行公平正義、一切依照正常法律程序、重視員工的隱私權及協助其保守公司之業務機密，提供及支持員工的專業教育訓練。雇主應根據適當的道德倫理來規範自己及員工，不然就會發生雇主利益、員工利益與社會大眾利益之間的衝突。

　　職訓局《勞動力發展辭典》對「雇主」的定義為：事業主係指事業經營的負責人，也就是說建造工程設施、製造產品的公司，以及委託製造商、承包商，生產產品或建造工程等廠商之事業經營負責人，是有權僱用、解僱員工的人。

第二節　工程師對雇主的責任

　　中國工程師學會與行政院公共工程委員會分別提出工程師對雇主的責任，就是希望員工能維護雇主的權益，不得假公濟私或浪費雇主資源。以下先就中國工程師學會之《中國工程師信條實行細則》中的工程師對雇主的責任（中國工程師學會1996），說明如下：

一、真誠服務——竭盡才能智慧，提供最佳服務，達成工作目標。

　　員工要充分了解雇主之需求，遵守契約條款，發揮自己的專業能力，確保產品的品質，將提高公司業績作為己任。不會與材料商、供應商、代理商等廠商暗中收取利益，圖利自己。在合法以及對環境無害的情況下，要以增加雇主利益為優先。

二、互信互利——建立相互信任，營造雙贏共識，創造工程佳績。

　　在職場上與雇主相處要以誠相待，公私分明，不投機、不懈怠追求雙贏的局面。定期向雇主報告工作執行情況，包含工作進度、遇到的困難，以及如何改進與解決的方法，並以整體利益為優先，使事業更成功。

　　另外，行政院公共工程委員會的倫理手冊中，分別提出工程人員對雇主與業主所需負擔的責任（公共工程委員會2007），分別為以下幾點：

　　⑴面對雇主時所需的責任

　　維護雇主權益，嚴守公正誠信：工程人員應了解並遵守所服務單位之組織章程及工程規則、辦法、規章。並且謹守公私分際，維護雇主權益，不得假公濟私或浪費雇主資源。應依職務權限執行業務，過程中應謹守公司授權的範圍，依據所賦予的權責任事。接洽公務如涉及對公司權利義務的變更時，應主動告知雇主或主管。

⑵面對業主或是客戶時的責任

應體察業主需求，達成工作目標：員工接受業主或客戶委託以提供專業服務時，應秉持誠信原則進行溝通，了解其需求及任務目標，避免錯誤認知，盡力提供完善之服務及建議，以維護業主權益，達成受託任務。工程師以專業知識提供服務，當業主或客戶提出需求或指示，經判斷認為不合乎規範、法規或可能損害社會利益及公共安全要求時，要及時表達反對或是拒絕，並給予適當之建議，不得接受或執行。工程師受業主或客戶委託所完成之成果及相關資料，如未經其同意授權即予公開或洩漏予他人，可能造成困擾、爭議或影響他人權益，故工程師應對其所承辦業務注意保密。

以下三案例說明與雇主之間的倫理議題：在雇主要求下，是否願意做出傷害社會大眾的事，或傷害其他人利益的事？或在倫理考量下選擇傷害自己但可幫助其他眾人的事。

案例5-1　排放致癌物案例

王麗美發覺自己工作的工廠排放出的物質中，有一種物質並未為政府所規範，於是麗美作了一些研究，結果發覺此種排放物質為致癌物。麗美知道要移除此物質需花費相當多的錢，並且麗美的老闆曾說：「先不要理此事，等政府的規定下來再說，千萬別自找麻煩增加成本、降低競爭力。」麗美身為工程師，有責任保護大眾，但她知道，若要保護大眾，唯一的辦法是公布此事，讓政府和社會大眾知道此事。但是她也很清楚，如此一來，將會陷公司於困境。（饒忻 1999）

如果你是王麗美，你會不會公布此事件給社會大眾知道？

1. 會，因為身為工程師，有責任保護社會大眾的安全。
2. 會，因為知道公司排放有毒物質而沒有想辦法阻止，會良心不安。

3. 不會，因為公布此事老闆可能會解聘我。

4. 不會，因為以目前的法律規定，公司並沒有違法。

討論

對於麗美而言，選擇不公布此消息，雖然沒有觸犯到法律，但對於社會大眾而言，卻違反了《工程會工程倫理基本守則》第七、八條（七、落實安全環保，增進公眾福祉，八、重視自然生態，珍惜地球資源）或《中國工程師信條實行細則》第一條（工程師應守法奉獻、尊重自然），自己會良心不安。但如果公布此消息，卻會冒著被公司解聘的風險。

此案例牽涉到揭發的行為，對於大多數的人而言，可能是較不願意去做的事，但也有人認為此種為了大眾利益，超越私利的揭發行為是一種美德。

案例5-2　寡佬飛行日記

任職於人事管理公司的高懷仁經常需飛往美國各地，代表客戶公司解聘員工。特別是在金融海嘯之後，許多公司為縮減開支，不得不裁撤大批人員，而其中首遭波及的往往就是服務多年的資深員工。公司礙於情面，不想直接面對裁撤老員工的尷尬場面，於是委託外聘公司處理解聘之事，同時一方面為員工提供日後可能的就業建議，另一方面也以專業立場，幫忙紓解員工被解聘時的立即情緒反應。

剛加入這個人事管理公司不久的社會新鮮人簡媚欣，一心想大顯身手，在公司站穩腳步。她極力建議以遠端視像會議形式取代當面與被解僱者對談的方式，如此可為公司省下大筆人事費用和旅費。然而懷仁非常反對媚欣的提議，覺得太過冷酷。於是公司決定派媚欣與懷仁搭檔前行，讓媚欣先體驗面對面解聘員工的過程，然後再決定未來是否轉移至遠端視像解聘模式。

起初媚欣只是在旁觀察，後來就躍躍欲試，要懷仁讓她親自上陣。她直截了當的宣讀解聘條文，完全不顧聽者的感受，還以不當的言詞挑撥被解僱者的情緒，令被解僱者幾乎崩潰。被解僱的老頭痛心地訴說家計沉重的負擔、失去工作等同在家人面前顏面掃地，而付不出的房貸有可能使他們一家露宿街頭……，這些強烈發散的情緒令媚欣完全招架不住，最後還好有懷仁出面緩解，才告一段落。

然而就算是身經百戰的懷仁也不見得就能擺平所有的局面，遇上情緒激烈的謾罵、咆哮都還可以忍受，最怕的是表情木訥、不發一言的被解僱者，回去後卻傳來自殺身亡的噩耗。此時，相關者當如何面對內心道德的譴責呢？當初抱著雄心壯志踏入這個領域的媚欣，最後卻帶著歉疚離職，她開始反思，當初自以為是的作法與理想，是否嚴重忽略了倫理的考量呢？（參考資料：時代論壇2010）

如果你是老闆，對於金融海嘯的衝擊，你想要解聘許多的員工來降低成本，但是有些員工已經為你服務了幾十年，你會如何去做呢？

1. 解聘員工，因為公司不賺錢就沒辦法生存，公司的生存是第一要務。
2. 解聘員工，因為這是精簡人事的好時機。
3. 不解聘，因為照顧員工是雇主的義務。
4. 不解聘，因為員工沒有犯錯，為了公司犧牲員工是不道德的。
5. 不解聘，因為撐過難關，員工會對公司更盡忠，對公司發展有利。

討論

若選擇解聘員工，對於公司而言，雖然會減低成本，但是對於公司的名聲會有很差的影響。對於員工而言，不只是少了一份穩定薪水，更重要的是對於未來的不確定性。有些元老級員工對公司的忠誠度非常的高，卻被公司所解聘，可能在心灰意冷下做出一些對不起自己、家庭或者是公司的事情。對社會而言，這批被解僱的員工，有些人可能找不到工作而引發

一些社會問題。

　　若選擇不解聘員工，對於公司而言，雖然不能降低成本，但若能提升員工的士氣，進而想盡辦法去縮減成本抑或是增加利潤，一起度過難關，更能提高員工的忠誠度。對於員工而言，公司本來就有照顧員工的義務，經營不好是老闆的責任，然而雖然沒有被解聘，但成本若是降不下來，仍要面對公司破產的風險。

案例5-3　日本福島核災，50英雄誓死守核電廠

　　2011年3月，日本福島核電廠爆發核災後，緊急撤離750名人員，只留下50人冒著生命危險，持續為反應爐進行降溫作業。他們視死如歸的精神贏得外界一致的讚佩，被譽為「福島50」英雄。

　　自核災爆發後，福島核電廠已有5名員工死亡、22人受傷、2人失蹤，另11人因3號反應爐氫爆受傷。雖然留守的「50壯士」都聲稱「這是我的職責，我不怕死」，但他們50人必須負責照顧6個反應爐，照美國標準，一個反應爐至少需10至12人照顧，而他們留在現場所承受的輻射量則遠高於合法量5倍。

　　東京電力公司指稱，這50人具有猶如精銳部隊和消防團隊般的同袍精神。在危急狀況下，一般人會優先考量照顧自己和自己家庭的安危，但這群人卻甘願撇下自己的家庭，為減低核災的傷害置個人死生於度外。（參考資料：蔡佳慧2011）

如果你是核電廠的員工，當雇主要求時，你是否加入留守？

1. 會留守，因為身為核電廠員工，有責任維護核電廠的安全。
2. 會留守，因為同事會期待我與他們一起留守，我不能背叛同事。
3. 不會，因為身為員工，並沒有為公司犧牲的義務。
4. 不會，因為事故不是我引起的，我沒有責任。

> **是否認同核電廠公司讓這50人員留下來死守這些反應爐？**
>
> 1. 認同，因為問題總要有人解決。
> 2. 不認同，因為每個人的生命都是無價的。

討論

要不要留守，堅守崗位是工程師的基本倫理。此外，若是核電爆炸會影響的不只是自己，還有周遭的生態環境及其他民眾安全，作為一個工程師不只是要貢獻自己的專長，更有責任維護同僚、大眾的安全。當然若是站在效益的觀點，加入留守核電廠的隊伍，假使防護措施做得好，對自己影響不大，也有可能拿到大筆的獎勵金。

反過來看，可能也有人認為核電廠爆炸已難挽救，而家有老小尚賴自己養活，留得青山在才是要緊的。當然也有人可能認為核電廠是因政策錯誤、管理不佳而導致救援不及，引發核災使得大家性命難保，因此是那些該負責的人去留守，而不是無辜受害的自己。

至於要不要支持核電廠的作法，讓這50個人留守，有人可能認為，為了避免有更大的核災發生，核電廠一定要有人去看守、照顧。如果沒有人去維護，引發更大的災變，後果可能不堪設想。

但是也有人可能認為，依照美國標準，每個反應爐需要10至12個人來看守，但現在有6個反應爐卻只有50人，不是擺明要那50人冒著送死的可能，去看守反應爐嗎？這是頗不人道的作法。

習題

1. 如何定義雇主？
2. 如果沒有雇主與員工間的倫理可言，會發生哪些衝突？
3. 如果你是企業主，面對金融海嘯的衝擊，進而想要解聘多位員工來降低成本。你會解聘資深員工或是資淺員工？
4. 如果你是不願意留守在發生核災事變的核電廠員工，而雇主要求你協助進行處理時，你會如何應對？

問題討論

1. 如果你是雇主，發生員工不滿薪資待遇的罷工事件，你會如何處理？

2. 如果你是員工，雇主對員工的福利制度或薪資待遇不符預期，請問你會如何應對？

3. 當企業文化不符合你所期待之情形下，你會有哪些作為？

4. 如果你為企業主，會以什麼角度或特質來徵選員工？好的員工有何種特質？

5. 如果你為企業主，發現自家員工與客戶發生爭執時，會如何處置？你會以什麼樣的觀點來面對此次事件的發生？

參考文獻

1. 時代論壇（2010），〈寡佬飛行日記〉，第1176期。

2. 蔡佳慧（2011），〈福島50英雄誓死守核電廠〉，《蘋果日報》。

3. 饒忻（1999），排放致癌物案例，中原大學工程倫理課程講義。

4. 中國工程師學會（1996），《中國工程師信條實行細則》，http://www.cie.org.tw。

5. 公共工程委員會（2007），工程倫理手冊，行政院公共工程委員會。

第六章
與同僚相關之倫理議題

第一節　何謂同僚？

　　職場上同僚包括長官、同輩與下屬，長官會交代工作給下屬，下屬會在規定時間內利用資源完成任務，其中也牽涉同輩之間的合作來達成任務，其間的關係豐富也微妙。簡單而言，同僚之間的倫理就是在企業內提倡同事之間要分工合作，共享成果。

第二節　為何需要同僚之間的倫理？

　　同僚之間的專業倫理是由許多正式的規範及非正式的道德信念所形成，它的作用在於規範公司與員工之間的價值系統及行為模式，最終目的是希望員工養成良好的規範與品格，認同自己的角色，並了解個人的職責，表現出符合公司及同僚所期待的行為。同時對於新近、資深，以及表現好、表現差的員工之間，亦有符合公司與同僚期待的倫理規範。

第三節　工程師對同僚的責任

　　在中國工程師學會提出了工程師對同僚的責任（中國工程師學會1996），希望員工在工作時要懂得互相合作，達成一加一大於二的效果，其內容如下：

一、分工合作——貫澈專長分工，注重協調合作，增進作業效率。

在工作時要尊重同事的專業能力，不堅持己見，也不同流合汙，彼此協調合作，互相交換經驗，一同解決問題。當工作有所缺失時，要虛心檢討，並且接受他人的批評與建議，進而改善自己的缺失，在接下來的工作記取教訓，發揮自己的長處，共同創造更佳的業績。

二、承先啟後——矢志自勵互勉，傳承技術經驗，培養後進人才。

除了要時常自我檢討外，在與同事相處時，要能跟不同年齡、性別或是職務高低的人互相學習，也記得要培養新進員工，使重要的技術與經驗傳承下去，提升工程師的素質。除此之外，工程師應遵守職業道德與倫理，確實履行工程師的信條，提升形象，維護工程師的榮譽。

在對同僚的責任方面，行政院公共工程委員會（公共工程委員會2007）期盼同僚間要發揮合作精神，共創團隊績效。也列出以下四項準則：

1. 工程人員應尊重前輩、虛心求教，並指導後進工程人員正當作為及專業技術。
2. 工程人員不得對下屬做不當指示。
3. 工程人員應對於同僚業務上之不當作為，婉轉勸告，不得同流合汙。
4. 工程人員應與同僚間相互信賴、彼此尊重，並砥礪切磋，以求共同成長。

案例6-1　專案合作案例

　　小王與小陳是同事，上司交代一件案子讓小王與小陳一起處理，小王看了專案內容，有些部分不是很熟悉，理解上有困難。他突然想起小陳之前曾做過類似的案子，因此馬上去請教小陳有關這

專案的內容與細節。

如果你是小陳，你會不會把專案內容教小王？

1. 會，因為互相合作是同事的基本義務。
2. 會，因為我可能也有求助於小王的時候。
3. 會，因為合作的成果好，對兩個人都有利。
4. 不會，因為同事之間基本上還是競爭的關係。
5. 不會，因為讓他自己學比較好。

討論

選擇會，站在小陳的立場，雖然要多耗費一些時間，但是可以與小王的感情更好一些。或者是這個專案是我和小王在負責，如果他沒做得很完整，可能之後會連累到我身上。或者同輩之間本應互相幫忙，一起打拚，一起好，公司也會好。

選擇不會，站在小陳的立場，我只要把我的部分完成，小王的部分就不關我的事，是他自己的問題，不要耗費時間在他身上。或者是跟小王是競爭對手的關係，很希望他可以因為這個錯誤而使我升職的成功率上升。但這違反《中國工程師信條實行細則》第四條，工程師對同僚的責任——分工合作、承先啟後。

案例6-2　同事專業不足舉發案例

小趙與小張是公司的工程師，公司指派一專案給他們兩人去執行，但小張發現小趙對於工作的專業度完全不足，如果讓公司得知小趙的情況，公司將可能開除小趙，如果不講將可能造成公司損失。

如果你是小張，你會向公司舉發嗎？

1. 會，因為我們要忠於雇主。

2. 會，從事工作本應要有專業技術。

3. 不會，同事應該互助合作。

4. 不會，專業技術只要多練習就可以彌補。

討論

　　選擇會，站在效益的立場，舉發能力不足的同事，可以避免因同事能力不足所造成的工作效率不佳，進而使公司對於自己的評價降低，也會造成公司的損失。如果不舉發會犯了《中國工程師信條實行細則》第三條，工程師應與對雇主真誠服務，竭盡才能智慧，提供最佳服務，達成工作目標。

　　選擇不會，站在道德倫理的立場，同僚應該要互助合作，增加作業效率，應該選擇教會小趙而不是舉發他，否則就犯了《中國工程師信條實行細則》第四條，工程師應該分工合作，主動服務，相互交換經驗，共同解決問題。

第四節　企業內的工作關係

　　面對長官時，減輕主管的負擔是一件很重要的事情，當你能減少主管的問題，讓主管有更多的時間處理自己的事時，主管會認為你是個可靠之才，便會賞識你，給你更多的機會或是更好的職位。在與同僚相處時，要互相溝通協調，每個人在公司所負責的項目都有所不同，每個人會的東西也不太一樣，只有彼此互相溝通協調，才能使工作效率增加。當你作為主管在對待部屬時，要創造一個優良的工作環境，使部屬甘心為你賣命。在工作之餘，主管若能夠放下身段與部屬寒暄個幾句，詢問部屬家中有沒有什麼困難，或是肯定、讚賞他在工作中的行為或表現，讓部屬感覺到有被關懷與尊重，便能使部屬為你交辦的工作更加盡心盡力。

習題

1. 何謂同僚？

2. 職場中包括哪些同僚？

3. 同僚之間的倫理規範為何？

4. 面對長官時，減輕主管的負擔是一件很重要的事情，為什麼？

問題討論

1. 是否有因同僚或同學間的意見不同而產生衝突的經驗？如何化解？

2. 當你發現身邊同事常因價值觀不同而爭吵，請問你會如何應變？

3. 你對案例一的選擇為何？為什麼？

4. 你對案例二的選擇為何？為什麼？

5. 當你發覺公司加薪或發績效獎金時，你得到的較少，會如何處理？

參考文獻

1. 中國工程師學會（1996），《中國工程師信條實行細則》，http://www.cie.org.tw。

2. 公共工程委員會（2007），工程倫理手冊，行政院公共工程委員會。

第七章
與專業相關之倫理議題

第一節　何謂專業？

　　專業的定義就是接受過完整且精確的訓練，並有足夠能力來解決相關的問題，進而創新。該如何判定是否有專業呢？基本上就是通過職場認證、取得學歷以及執照，但是擁有這些都僅僅是取得最基本的專業資格，若是想達到真正的專業，必須要結合良好的道德信念、正確的思考邏輯以及嚴格的訓練，才有資格符合「專業」。對於公司而言，專業代表著有足夠的技術水準和人才，可以妥善的完成工程或是產品項目，並且要做到絕不輕易承諾，一旦做出承諾便不計代價，努力執行並做到好。

第二節　何謂專業倫理？

　　專業代表著與一般人做相同的事情時，他所做的事情有效果且犯錯的機率會低於一般人；所以在現實社會中，社會大眾對於專業人士也有著較高的期待。工程事務的一舉一動常常影響著社會大眾的生活與生命財產，也因此工程的專業倫理更顯得重要，執行者不僅是需要利用其相關專業知識，也要考慮整體效益與行為後果，來評估整體事件之可行性。不應該為了一時個人的利益或公司的利益，跨越界限，做不屬於自己專業的事，或不按專業要求做事。

中國工程師學會將工程師的責任分為四大類，分別是工程師對社會的責任、工程師對專業的責任、工程師對雇主的責任與工程師對同僚的責任。工程師對專業應具備以下責任（中國工程師學會1996）：

一、敬業守分──發揮專業知能，嚴守職業本分，做好工程實務。

工程師應盡自己的本分，完成該完成的工作，並尊重他人的專業技術，不可因為自己懂得些皮毛就目中無人。在執行計畫時，必須要遵守職業規範，不製造問題，不做虛假的事情，也不貪求不當利益，與他人溝通合作，找出最佳的處理方法。

二、創新精進──吸收科技新知，致力求精求進，提升產品品質。

在這快速變遷的世界中，我們應配合時代潮流，不斷增加我們的知識，彼此相互學習，交換經驗與意見，以改進生產技術，提升產品品質。重視研究發展，以利於開發新產品，維持領先的技術，強化公司競爭力，建立優良形象。

工程師的核心價值為以顧客為中心，並以誠信為原則，絕不能造假，不可欺騙消費者。若是對消費者有所隱瞞或是欺騙被揭發時，公司名譽將會受到損害，如此一來便得不償失。跟顧客之間要共同成長，以達到雙贏的局面。為了增加公司的獲利，每位客人都是必須去爭取的，當消費者感到物超所值時，他很可能會「好康道相報」，推薦其他人來購買產品，如此一來便能增加公司的客源。

工程師必須要了解顧客有哪些需求，才能事半功倍，提出優質的商品或服務。在此我們提出六個產品或服務的面向，分別是功能、品質、價

格、交期、服務以及信心。公司的產品要有卓越的功能與品質的保證，價格方面則要讓顧客有物超所值的感覺，並且在交期上不可任意拖延，交貨的時間必須如期出貨。產品售出後，如何讓顧客覺得買了產品後有保障的售後服務，也是十分重要的事情。整體而言，讓顧客對公司的產品有信心，成為死忠粉絲並樂於介紹給他人。之後會針對品質所涉及之倫理討論。

案例7-1　技師簽證與勝任問題

　　黃正仁大學畢業服完役後，就在營造廠覓得整理資料的文書工作，雖然薪資不高，但工作量較輕，有利於他準備考技師執照。果然經過兩年苦讀，他考取技師資格，於是開始計畫轉職，尋找較高報酬的工作。

　　A公司承接了政府的橋梁設計案，但負責簽證的技師剛好離職，正急著找人。A公司的王老闆認為公司設計人員濟濟，不需要再多聘，只想以較低工資聘請有簽證資格的技師，無經驗無妨。透過仲介公司轉介，王老闆聯絡上正仁，他告訴正仁不要計較薪資較低，因為公司不會限制他在上班時間處理其他公司的事，而他只要負責為公司的工程簽證即可。

　　因為經濟不景氣，正仁一時也找不到很理想的工作，若能到A公司上班，同時又能再作多一份工作，這樣收入應該會很優渥，不免有點心動。但他之前的工作只是處理文書，對於工程設計和施工的領域欠缺實際經驗，要為公司的工程簽證，萬一出事他負得起責任嗎？他又開始猶豫起來。（參考資料：汪群從、李順敏、陸續2007）

如果你是黃正仁，你會不會答應王老闆的要求？

1. 會，因為簽證工作不費力氣卻能坐領乾薪。
2. 會，因為很多人這樣做，都沒有出事。

3. 不會，因為對自己不了解的工程案背書，有違專業倫理。

4. 不會，因為工程一旦出事，自己脫不了責任。

5. 不會，因為工程一旦出事，可能危害他人生命財產安全。

討論

　　站在效益的觀點，擔任簽證技師除了可以領A公司所給的薪水，雖然工資較低，但不影響自身未來的發展，而且在不景氣的情況之下，可以找到這樣的工作已經非常難得，並且本身其實也有技師執照，並不算有欺騙別人的行為。

　　然而從另一方面來看，雖然有了技師執照，但自己本身對於該領域沒有經驗，難保自己能夠勝任這份工作，若貿然接下這份工作，就違反了《美國專業工程師學會會員守則》基本準則第二條：「應只限於在足以勝任的領域中提供服務」，否則不僅僅是違背專業倫理，也可能在專業能力不足的情況之下，危害他人的生命財產安全，造成難以彌補的後果。

第四節　品質倫理

　　品質倫理就是在品質活動中，一套符合道德倫理的斯文與行為之品質系統。在盧瑞彥（2013）所強調的工作關係與倫理中，將品質工程師應有的堅持分成以下七點「絕不」事項，每個品質工程師若能夠遵守這些規範，當產品在工廠發生缺失時就會被察覺到，不會將不良品產品流入市場，避免毀壞公司名譽。

一、安全性的品質問題──必須無缺點，絕不放行。

　　製造出來的產品必須要保證不會使人身安全或是人體健康受到威脅，在這方面必須要零缺點，否則絕不可以放行。像是2016年三星Note7電池自燃的事件，就是在電池設計與製程階段引起的問題，三星忽略了電池安

全性的檢查，在沒有確保電池安全的情況下就將產品出貨，因此導致這次事件的爆發，不只使公司蒸發了龐大的資金，也使公司的名譽受損。

二、危害環保的品質問題 —— 必須符合法規，絕不妥協。

在製造產品時，要將產品製造中是否會產生有毒氣體，或是可能造成水資源等危害，這都是必須要考慮的。為了保護地球，我們要遵守這些規定，不能妥協。

三、重大的產品品質缺失 —— 必須停止生產，絕不拖延。

當產品在檢測時發現重大問題，要立即停止生產，絕不可以推延時間，務必將耗損降至最低。

四、潛在的產品品質問題 —— 必須找出根源，絕不怠慢。

發現有問題的產品時，必須要立即找出缺陷處，並在其他產品中尋找是否有同樣的問題，順勢將這些產品停產並找尋解決方案，絕不可以忽視或怠慢。

五、產品品質檢驗紀錄 —— 必須及時報告，絕不造假。

在生產時，若是發現產品有瑕疵，就必須立即停止作業，並且記錄下來，及時向上級報告，一同討論該如何處理，不可隨意造假。若漠視這些缺失，很可能造成公司極大的損失。

六、品質回授系統 —— 必須馬上行動，絕不苟且。

當產品品質出問題時，必須要馬上有所反應，不可以拖延或是無視問題的存在，不然輕則使整批產品報銷，重則有可能使公司名譽嚴重受損，讓公司血本無歸。

七、顧客的品質抱怨 —— 必須妥善回應，絕不漠視。

當顧客對公司的產品有不滿時，要先辨識問題何在，並且思考如何解決問題，然後再將消費者的意見妥善的回應給他們，絕對不要輕易地忽視顧客的意見；因為透過顧客的建議，能夠快速地改善產品，使產品更受顧客的喜愛。

以下NASA挑戰者號案例，即是材料出了品質問題，但未被重視所造成悲劇之案例。

案例7-2　NASA挑戰者號

1986年1月28日，在剛起飛後73秒後，美國NASA的挑戰者號太空梭解體，造成機上7名機組人員全部身亡。O形環失效是發生此事件的主要原因，造成原本密封在火箭推進器內的高壓高熱氣體外洩，導致旁邊的外儲箱在高溫燒灼下結構失效，使得火箭推進器尾端脫離，最後挑戰者號在高速飛行中的空氣阻力中解體。

之後內部檢討，自從1977年開始，NASA就發現了O形環存在著缺陷，但未曾提出改善方法。在發射當天，因氣溫過低，O形環可能因為溫差過大而造成彈性疲乏，但是NASA高層忽略了工程師提出不要發射的警告，堅持火箭的發射，造成了這場悲劇事件的發生。（維基百科）

如果你是NASA高層，你會堅持發射火箭嗎？

1. 會，因為自1977年開始，O形環都沒有發生過問題，所以這次也不會有問題。

2. 不會，因為如果發生問題將使太空梭上的成員喪命。

討論

　　以發射的立場來看，這次的挑戰者號火箭發射是向全世界的人展示美國往太空發展的決心，發射情況是以全球同步電視轉播的方式，而在此次發射之前，也因為氣候因素延期發射多次，若是這次又延後發射的話，很可能會變成全球的笑柄，所以堅持要使火箭升空。

　　以不發射的角度來看，則是為了使太空梭能平安抵達目的地，並保證太空人的安全，畢竟要培養一個太空人需要花費大量的時間與金錢，雖然會被其他國家看笑話，但還是確保人命重要。

習題

1. 專業的定義為何？
2. 為何需要專業倫理？
3. 品質倫理有哪些項目，請舉出三個例子？

問題討論

1. 試問你認為在職場中需要有哪些表現才具備應有的專業倫理，請舉例說明。
2. 當你發現產品的品質出問題，而你的上司卻叫你隱瞞這件事時，你會通報媒體或是隱瞞下來？
3. NASA挑戰者號案例違反了哪些品質倫理項目？如何可防止？

參考文獻

1. 汪群從、李順敏、陸績（2007），《工程倫理（守則）概述》，公共工程委員會。

2. 中國工程師學會（1996），《中國工程師信條實行細則》，http://www.cie.org.tw。

3. 公共工程委員會（2007），工程倫理手冊，行政院公共工程委員會。

4. 盧瑞彥（2013），工作關係與倫理，中原大學工程倫理上課講義。

5. 維基百科，挑戰者號太空梭災難。

第八章
與供應鏈成員相關之倫理議題

第一節　供應鏈管理

供應鏈管理已經成為各家公司主要之業務之一，業主／客戶和承包商／供應商都屬於供應鏈重要的一環，因此如何尋找合適的業主／客戶和承包商／供應商來合作，便成為各家公司重要的課題。在圖8-1我們可看到供應鏈之架構，包括多階供應商、製造商、承包商、客戶和顧客，各環節環環相扣，因此對於促成上下游廠商的合作，必須要有共同利益、互助、開放式的資訊分享平臺、公平的交易等元素。

此外，許多新的經營趨勢對供應鏈管理也會有重大的影響，例如：

1. 評估外包：對於全球性的供應商而言，外包的原因是因為可降低勞工成本，使其整體成本降低，增加競爭力。其他的原因還可能是產能不足、缺乏專業知識等，皆可以幫助企業解決供應鏈之困難。

2. 風險管理：現今使用者越來越重視產品使用上所造成的危害，因此當產品造成消費者危害時，品牌商則需負責賠償消費者損失，有時產品需全面回收，因此也成為各公司在管理上之重點項目。

3. 存貨管理：使其存貨能見度提升，方便企業持續追蹤，使企業之供應鏈處於平穩的狀態。

4. 精實供應鏈：使整體供應鏈更加緊湊，減少因供應物料不足或過剩所產生之問題，藉由此舉提升整體產能，達到更高的效益。

5. 綠色供應鏈：近年來，世界各國環保意識逐漸抬頭，開始訂定一系列有關節能減碳的法規，也為了保護我們唯一的地球，各企業開始減少碳排放、能源消耗等策略，使整體供應鏈產生了劇烈的變化。

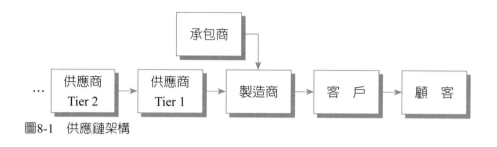

圖8-1　供應鏈架構

第二節　與供應鏈成員之倫理

在現實的社會中，常常聽聞有關與業主／客戶和承包商／供應商所產生的問題，如贈與、餽贈、圍標、回扣、採購問題等，這些問題破壞了交易制度及市場公平競爭原則，進而造成市場的混亂。因此在選擇業主／客戶和承包商／供應商時應該秉持高度道德倫理標準。

如果與業主／客戶和承包商／供應商之間沒有倫理道德的約束，會使供應鏈上下游廠商爾虞我詐，連累供應鏈的正常運作，影響到社會大眾的生活。因此我們需要建立起良好的道德環境，使整條供應鏈可以更加穩定，使人民生活更加安定與社會更加繁榮。

2004年有8家公司基於以上理念創立電子行業公民聯盟（Electronic Industry Citizenship Coalition，簡稱 EICC），並訂定行為準則，為電子行業的供應鏈訂定一套規範，2017年10月改成責任商業聯盟行為準則（Responsible Business Alliance，簡稱 RBA），目前版本為6.0版（RBA 2018）。此準則希望各參與公司能確保工作環境的安全，員工受到尊重並擁有尊嚴，商業營運合乎環保並遵守道德操守。參與者必須在其整個供應鏈中倡議採用本準則，至少參與者需要要求其下一級供應商認同並落實執行本準則。本準則由五個部分組成，前三部分分別概述勞工（A）、健康與安全（B），以及環境的標準（C），後兩部分提供有關商業道德的標準（D）及概述能夠貫徹本準則的合宜管理體系所需的要素（E）。目前會員有110家公司，有Apple、Amazon、IBM、台積電、Ford、HP、

Tesla、鴻海、華碩、宏碁、廣達等公司。此準則有別於在第一章所討論的各領域之倫理守則，是由企業共同提出並要求其供應商一起遵守的行為準則，值得各行業與教育業留意。

第三節 案例探討

案例8-1 打高爾夫球

假定你在大學畢業後，你的第一份工作是在某一家高科技公司擔任採購，公司要求你在眾多供應商中挑選出最佳的供應商。此時，其中一家名為A公司的供應商邀請你去打高爾夫球。（饒忻 1999）

請問你會不會參加？可能有何種後果？

1. 會，因為球敘沒有金錢利益，是正常聯誼。
2. 會，因為建立好的關係是未來合作的基礎。
3. 不會，因為只要建立特定關係，便難以維持公正客觀的立場。
4. 不會，因為公司會以為我圖利廠商。

討論

選擇會，站在效益的觀點，採購的職位應該多與供應商建立良好的關係，使雙方合作關係更密切，而且應酬也屬於工作的一環。

選擇不會，站在道德信念的觀點，應該要避免有圖利特定供應商的嫌疑，必須堅定自我本身的道德信念，否則就違反了《公共工程委員會工程倫理基本守則》第四條，工程師維護雇主權益，嚴守公正誠信。站在行為後果的觀點來看，如果被公司知道此行為，可能會因此受到懲罰，嚴重的可能會被解僱，若還有收受回扣的部分，可能還會有法律上的責任。

　　市場推出一款新品牌的啤酒，顧客為之瘋狂，在零售市場瘋狂熱銷，供不應求。零售商為了顧客的需求，因此向中盤商訂了比平時多量的啤酒，而一家中盤商負責了一個區域多個零售商，此時同時接到了多個的零售商訂貨。為了滿足零售商的需求，中盤商便向大盤商訂了大量的啤酒，而大盤商也同時負責了數個中盤商的訂單，於是大盤商便向工廠訂更大量的啤酒，工廠接了這筆超大量的訂單便開始生產，也因為超大量的訂單導致產品交貨的時間可能延長，而各階層供應商也需要運送時間，時間層層累加下來，等貨送到零售商時，這新款的啤酒的熱潮也退了，導致整體供應鏈生產過剩，造成整體供應鏈的損失。（饒忻 2011）

假如你是一位啤酒中盤商，在整體供應鏈資訊不透通的情況之下，市場需求忽然暴跌，導致零售商紛紛取消訂單，因此需求減少。此時如果你取消向大盤商訂單則可以減少損失，但是大盤商和工廠將會受到嚴重的損失，你會不會取消訂單？

1. 會，因為不取消公司就會虧損。
2. 會，因為不是自己故意違約的。
3. 不會，因為這會造成自己商譽受損，影響以後的長遠生意。
4. 不會，互信才會互利，我不應該破壞這樣的共同信念。

討論

　　選擇會，站在效益的觀點來看，為了減少損失，無可避免的要取消向大盤商的訂單，如果強行自我吸收，可能會造成公司經營不善。

　　選擇不會，站在道德信念的觀點來看，供應鏈應該秉持互信互利，不應當因自己對市場的誤判，而把責任推往供應商身上，否則就違背了《中國工程師信條實行細則》第三條，應建立相互信任，營造雙贏共識，創造工程或業務佳績。

　　臺灣小吃如蚵仔煎、珍珠奶茶、小籠包、牛肉麵、滷肉飯等，不僅吸引外國饕客指定爲必品嘗的美食選項，更引發國際媒體如CNNGo網站總編輯安德魯（Andrew Demaria）大力宣揚報導，也有英國商人阿賽德（Assad）嗅到珍珠奶茶商機，在倫敦以Bubbleology爲名展店。阿賽德特別強調所有珍珠奶茶的食材皆由他親自來臺選購採買，在當時造成頗多關注。

　　然而在2011年3月間，政院衛生署食品藥物管理局楊明玉技正在檢驗益生菌食品時，檢驗出異樣的訊號，再仔細查驗比對各類物質的圖譜後，赫然發現竟然是塑化劑（DEHP）的圖譜。經過她審慎的研究檢驗，最後確認並非由包裝材料遭受汙染所致，乃是出自益生菌食品本身添加了塑化劑，而且此益生菌食品中的DEHP濃度爲600ppm，遠高過國人平均攝取量的1.029毫克。

　　於是衛生署展開調查，追溯到源頭昱伸香料有限公司所製造的食品添加物「起雲劑」，違法摻入塑化劑，就此掀開一場塑化劑風暴。許多街頭巷尾的小吃、飲料店，幾乎大半淪陷，甚至連知名的食品廠商、生技食品公司、五星級的餐廳都在衛生署的檢驗下一一中槍落馬。

　　通常民眾願意以較高費用選購有品牌的食品，就是因此品牌代表著健康、安全的品質保證，但最後卻發現他們並未認眞的爲自己所生產的食品把關，以致讓遭汙染的食品添加劑危害信任他們品牌的民眾。儘管這些大企業每年都在發布「企業社會責任報告書」或「永續報告書」，自誇如何愛地球，關懷臺灣的環境與弱勢群族，但實際上卻頻頻在食安問題中出包，令人感到痛心和諷刺。在塑化劑風暴中，這些食品大廠商不僅未向受害的民眾表達歉意和補償的誠意，反倒以受害者的身分自居，向政府要求減稅，以彌補所受的損失。

事實上，這些平常愛強調企業社會責任的廠商，怎能以一句「本公司也是受害者」作為託辭，而將道義倫理之責完全撇清？他們是否應將長年營利所得，撥出一部分作為食品安全檢驗基金，以及由食安問題產生的相關醫療補償基金，以實際行動表達他們身為食品供應鏈中的一分子應負的責任？（參考資料：葉欣誠2011）

問題一：

假如你是一家知名的大型食品加工廠，現在對於你上游的供應商所出產的原物料，他們都只單方面的提出原物料檢驗的單據，作為一家知名的大型食品加工廠廠商的你，是否會對所有細項再次進行嚴格的檢驗？

1. 會，保護消費者食的安全是所有食品業者的責任。
2. 不會，上游供應商都已經提出檢驗的單據，就不必要再花額外的成本。

討論

　　選擇會，站在食品加工廠的角度，應該要保障所有消費者食的安全，這不僅僅是品德倫理的問題，食品安全衛生是每位國人每天都會面對到的事情，不安全的食品會影響到整個國家的經濟、健康及形象，如果不謹慎的面對，不僅會害人也會害己。站在個人立場，如果生產了不安全的食品，實在是難保自己或是親人不會接觸到會危害身體健康的食品，為了一時的利益而疏忽，將可能造成難以挽回的後果。雖說已經有供應商所提供之檢驗單據可以負起最基礎的責任，但是在目前食品衛生的條例不夠齊全的情況之下，還是有很多可能危害人體的毒物，可能非法的被加入食品中，所以即使是在已經有供應商的檢驗單據之下，也應該再更進一步的確保消費者的食用安全。

　　選擇不會，在競爭這麼激烈的環境下，能省一事則省一事，況且事情發生了，也有上游廠商負責！

案例8-3　塑化劑案例（續）

問題二：

假如你是一家小型食品業者，當市面上的供應商所供應之原物料價格都為相同時，忽然出現一家供應商，他所提供的價格明顯低於市場價格，而你只是一家小型食品業者，對於成本都需要斤斤計較，如果選擇那家供應商，就可以使利潤提升。但是對於那家供應商的原物料並無法明確得知其成分，此時你會選擇接受那家供應商嗎？

1. 會，為了維持利潤，當然選擇成本低的供應商。
2. 不會，在沒有任何可確認的因素之下，為何那家供應商可以提供較低的價格，這其中一定有不可告人的原因。

討論

　　選擇會，以小型食品業者立場，成本考量會影響到原物料的選擇，如果無法獲得利潤，可能會造成虧損。

　　選擇不會，在市場上供應商所提供之原物料價格雖然不盡相同，但是當某些供應商可以提供更低廉的價格時，作為食品業者，就必須要有警覺性，因為如果沒有特殊因素，為何這家供應商可以提供更低的原物料價格呢？必定是有著不可告人的因素。在利潤與消費者食的安全上，如果有衝突時，我們應該要毅然決然地選擇消費者的安全。不安全的食品，不僅會造成消費者的健康影響，嚴重的話可能會有生命財產的危害，因此在選擇供應商時，必須三思而後行。

案例8-4　螺栓產地案例

　　約翰是克拉克工程公司的品質工程師，遇到一個嚴重問題。克拉克與USAWAY公司簽約，承諾其供應之產品中的所有零件都需是在美國製造。雖然最初的設計明確規定，所有的零件都必須滿足這一要求，但是其中一個克拉克的供應商並沒有注意到此點，

在所提供之元件中，有兩個特殊的螺栓是在另一個國家製造。如果要滿足合同條款，已無時間重新設計一個新的螺栓。USAWAY是一個重要的客戶，如無法履行合約時間，對克拉克將有不幸的後果。

同時約翰意識到USAWAY自己發現問題的機會不大，有問題的螺栓是無法從產品的表面上被看出的。此外，這些螺栓是極不可能在維修時被發現是外國製造的，且在任何情況下，克拉克將是受委託從事維修的工作。在此同時，這些螺栓可以重新設計，屆時如果真需要更換這些螺栓，美國當地的螺栓則早已準備好。（Pritchard 1992）

如果你是約翰，應該怎麼辦？

1. 選擇隱瞞此事，不向USAWAY告知此事。

2. 選擇告知此事，並且賠償大量金額，很可能造成公司金融上的危機

選擇隱瞞，因USAWAY發現問題的機會不大，且不容易出事，但也會養成同仁得過且過的心態。

選則告知，因為問題就是問題，希望對業主負責。雖然風險需付出大量的賠償，但也會使同仁勇於負責，讓公司正向發展。

習題

1. 供應鏈的架構為何？

2. 哪些經營趨勢會對供應鏈造成影響？

3. 為何需要供應鏈倫理？

問題討論

1. 要如何與你的供應商保持著良好的關係，並讓他們能夠準時交貨，並把良率高的產品給你？
2. 如果你是供應商，當你給客戶的物料是有缺陷的，並且在短期之內不會有任何差異，或是很低的機率才會發生問題，你會選擇將產品回收並且自己吸收巨大損失，或是隱瞞此事，祈求意外不要發生？
   3. 你覺得企業有何社會責任？

參考文獻

1. RCA（2018），責任商業聯盟行為準則（Responsible Business Alliance），6.0版。
2. 饒忻（1999），打高爾夫球案例，中原大學工程倫理課程講義。
3. 饒忻（2011），Beer Game案例，中原大學工程倫理課程講義。
4. 葉欣誠（2011），〈企業的社會責任在哪？〉，中國時報。
5. Pritchard, Michael S. (1992), US Parts, Online Ethics Center.

第九章
與競爭者相關之倫理議題

第一節　與競爭者之關係

　　與競爭者之關係可細分為公司間的智慧財產權問題、挖角、不實廣告等問題。近來企業全球化，彼此之間的競爭也越來越激烈，其中智慧財產權更是最常見的競爭手段。智慧財產權是指利用法律來保護發明者的智慧結晶和精神的保障，使其不受他人抄襲、複製、盜取等任意使用之行為，來維持市場競爭力及創新技術。在國內的法律將智慧財產權分為三大項，分別為著作權、商標權及專利權，詳細之討論可見第十五章。

第二節　與競爭者之倫理

　　現今企業間的競爭已經不僅僅是在產品功能及價格之比較，進而轉向了智慧財產權的競爭與員工挖角等，其中有關智慧財產權的議題最是常見。企業只要取得了智慧財產權的權利，便可使其公司發展如虎添翼，因此越來越多公司和國家開始重視這塊領域。

　　工程中的智慧財產所有權之倫理主要牽涉到兩個部分：第一是人與公司之間的關係，例如員工跳槽時，是否會帶著原公司之技術到新公司使用；第二是公司與公司間的關係，例如現今智慧型手機大廠常常會互提訴訟，控告彼此侵犯其智慧財產權。如上一段所提到，智慧財產所有權與公司的發展和利益有著非常緊密的關聯，但是我們在追求效益的同時，也應尊重智慧財產倫理，並遵守公平競爭的法則。

第三節　員工跳槽與被挖角

　　現今自由貿易與經濟體系的高度發展下，企業之間的人才跳槽與挖角行為已成為難以避免的現象，甚至形成一種文化。在臺灣，每年農曆假期前後，許多在職者開始嘗試探詢自身在人力市場的價值，了解目前企業所需之人才，找尋更佳的工作機會，以便跳槽到另個公司，發展個人新的一段職業生涯。

　　《教育部重編國語辭典修訂本》之「跳槽」釋義：喜新厭舊，另結新歡；主動辭職，去別處工作。「跳槽」也可以解釋為，與雇主合約尚未履行結束前，已自行找尋其他工作崗位。科技與時代的進步促使知識工作者對工作的認知產生改變，個人的工作動機不再只希望能滿足生理層面的需求，而是追求個人成就的自我實現之層面。

　　其實「跳槽」與「挖角」，這兩字詞存在著強烈的相關性。挖角行為是促使跳槽事件發生的因素之一，兩者互為因果關係。簡單來說，甲企業或組織向乙方進行人才挖角之行為，這位被甲方鎖定要挖角的員工可謂被挖角者，而甲方所開設之合同使被挖角者內心有所動搖，引發離職之意圖，且最終決定與甲方進行合作，此時跳槽行為立即發生。然而對於發生在公司內部員工的跳槽事件，代表組織所擁有的珍貴人力資源正在流失，這樣的人力流動可能導致原組織經營困難，甚至中斷。

　　比爾蓋茲（Bill Gates 2006）曾說：「如果把我們公司頂尖的20個人才挖走，那麼我告訴你，微軟會變為一家無足輕重的公司。」在當今用人唯才的企業人力資源管理理念下，跳槽及挖角行為只會增加而不會減少。因此原雇主該如何建立起良好的企業文化、福利待遇等企業形象，增強員工對於企業的認同，為企業現今需要深思的重要課題。

一、跳槽的類型

　　企業因全球化的浪潮來襲，競爭環境更加激烈與險惡，而外部挖角與

內部跳槽事件更是頻傳。在競爭越見激烈的大環境中，員工為個人的職業發展與生活需求著想，勢必為選擇對自身最有利的未來發展而改變。MBA智庫百科整理出不同跳槽類型，如表9-1說明實際跳槽存在的類型與促使員工選擇跳槽的情境或原因。

表9-1 跳槽類型與說明（MBA智庫百科）

跳槽類型	說明
被迫辭職型	被迫辭職型的跳槽員工可能因自身能力之限制、下屬不服從命令及無法獲得上司看重等因素，選擇離開原單位。
被動拉攏型	被動拉攏型的跳槽員工可能因原單位在該產業領域裡具有一定地位，且此員工在專業或技術上有某些專長，而被其他相關單位的雇主所關注，拉攏該員工至公司共圖大業。
隨意無常型	隨意無常型的跳槽員工於人力市場上相當普遍，其企業經歷、專業及技術較淺，且不受上級青睞，待遇不如自身所望，故選擇離開原單位至他處發展。
賭氣逃避型	部分賭氣逃避型的跳槽員工，因與同事相處困難、溝通交流缺乏默契，或因不受上級賞識而產生敵對及忤逆之心態，進而選擇離開原單位至其他地方高就。
生活所迫型	生活所迫型的跳槽員工可能因原單位財務狀況不明朗，無法滿足生活上之基本需求而不得不跳槽，離開原單位找尋其他工作機會。
利益驅使型	利益驅使型的跳槽員工大致可分為兩種，一是原單位面臨轉型問題，而該員工選擇拿取資遣費，自願被資遣。二是該名員工負責原單位之某類型技術或專長，而其他單位提供此員工較好的福利或獎金來吸引員工跳槽。
見利忘義型	見利忘義型的跳槽員工，為該員工因某種利益之誘惑而攜帶原單位的商業祕密投靠他人。
投親靠友型	投親靠友型的跳槽員工因親友在私有單位擔任要職，而想藉機跳槽過去該私有單位任職，以獲得較高的待遇及福利。
另謀高就型	另謀高就型的跳槽員工因原單位中人才濟濟，使得自身難以獲得長官之目光，致使職位和待遇無法獲得滿足，選擇跳槽至其他企業另謀生路。
戰略轉移型	戰略轉移型的跳槽員工因個人才華，獲得原單位之重用，得以升遷。但升遷的路線與該員工所預期的有所差異，被發配邊疆，難以發揮個人專長，而選擇到其他單位重新任職，以等待好的晉升時機來臨。

二、跳槽前需要問自己的三件事

　　當你在瀏覽人力銀行網頁時，面對夢寐以求的工作機會，你是否會拋下現在原有的穩定工作？勇敢的拚上一回？跳槽前後的家庭經濟暫時要由誰來維持？求職者在找尋跳槽機會時，常常面臨許多互相矛盾的問題，需要在現實生活中的個人理想與實際生活壓力間進行衡量。

　　鍾子偉（2013）認為跳槽前，可以先問問自己以下這三個問題，了解自己目前的處境是否適合跳槽：

　　(1)你還有學到任何新東西嗎？

　　你當反思過去在原單位服務的這段期間，每天的工作內容是否都相同？有沒有什麼特別改變的契機？這樣的工作生活是否為你所要的？當你發現你對於工作開始缺乏熱情，甚至覺得工作對你來說沒有多大價值、只是浪費時間而已，這時你就需要認真思考是否該有所改變。人的一生非常短暫，別浪費自己的寶貴時光和青春在不是自己所期盼的工作裡，應勇敢地踏出改變的那一步，即使是調至同公司不同單位的改變。

　　(2)下一份工作會更對齊你的目標嗎？

　　詢問自己下一份工作會更對齊你的目標嗎？可以幫助思考什麼是自己真正想要的，而不是只因為另一個單位所開出來的薪資較為甜美，就選擇離開原單位，跳槽到另一個單位服務。或許得到的薪資比原單位來得高，但若新的選擇與最初設想的目標越來越遠，就得慎重衡量這樣的未來工作與生活真的是你所想要的嗎？

　　(3)最重要而且非常簡單的思考是：你會後悔嗎？

　　走在人生工作歷程上的十字路口，你會選擇向右邊的跳槽走，還是向左邊的繼續過穩定的工作生活？最終你選擇的不管是往左走或是往右走，一旦決定了，就別回頭看過往所做的選擇，只要努力地朝自己所選的方向邁進，完美地達成這個目標。

三、離職前需要做好的七件事

　　個人由於私人因素的問題，決定向原單位提出離職要求時，該怎麼做才能向原單位輕鬆和平地說再見？這當中含有許多學問。一個人怎麼離職，我們從中可看出個人的素養，例如：「從今天起決定不在這個單位繼續服務了，在正式離職的這段期間，我可以不用做任何事。」然而這其實是一種不負責任的態度。如果你想要職離後，仍與原單位保持良好的關係，那麼你於離職前需要做好以下七件事：

　　⑴書面正式提出離職（30天前）

　　一旦決定離開原服務單位，那就必須老實地提前一個月的時間將「離職通知書」遞交到雇主手上。離職通知書的內容需明確地寫出離職日期、緣由，並同時影印一份給部門裡負責辦理離職手續的職員，請他於通知書上注明簽收日期。這麼做的目的是因為雇主本身所負責的業務較多，可能不會於「離職通知書」遞交的當天馬上簽字，也避免提出的離職日期被遺忘或表達不清楚，造成日後的煩惱。然而上述前提是自身沒有和公司簽定「競業協議」或「特殊協議」。

　　⑵郵件解釋離職原因

　　如果你擔心與雇主面對面的對談，無法將離職原因說明清楚，那麼透過郵件來協助表達，會是一個相當好的方法。透過撰寫文字的方式將個人因素交代清楚，勞資雙方也可彼此保有信件紀錄，以避免勞資雙方於未來可能發生的諸多爭議。

　　⑶找好接手工作人選

　　決定離職後，原本所要負責的工作崗位將會形成空缺，此時我們應向雇主推薦心中適合的代理或負責崗位之人選。如此一來，被推薦之人會感激我們，雇主也能夠體會到我們於離職前仍在對原單位盡最後的心力，而加快整體離職程序的進度。

　　⑷做好分內事

　　於正式離職之前，我們仍屬於原單位的員工，一旦接收到工作上之任

務，仍必須盡心盡力，有耐心地完成，不草草了事，讓人感到反感。

（5）耐心認真交接

可先將離職前一個月的每天工作內容做好交接規劃及安排，並撰寫成工作清單或文檔，具體說明每項工作之流程，再交給接手的同事。

（6）離職當日簽收文檔

離職當天，請交接人簽收轉移給他（她）的書面和電子文件，同時自己也要複製一份作保留。另外，請MIS將電腦系統資料刪除之前，需將這些年的電子文件全部打包、分裝，放上自己的屬名，再複製一份給雇主，也請他簽收，並向他表示之所以如此處理，是希望接手者可以盡快上手，不影響公司業務的進度。

（7）對單位表達感激之意

離職時記得表達感激，因做人講究的是好聚好散，有禮有節，如此才能從容轉身，體面地離去。

有關勞工終止勞動契約之預告期間，於《勞基法》第十五條與第十六條有明確規範：

第十五條：

（勞工終止勞動契約之預告期間）特定性定期契約期限逾三年者，於屆滿三年後，勞工得終止契約。但應於三十日前預告雇主。不定期契約，勞工終止契約時，應準用第十六條第一項規定期間預告雇主。

第十六條：

（雇主終止勞動契約之預告期間）雇主依第十一條或第十三條但書規定終止勞動契約者，其預告期間依下列各款之規定：

㈠繼續工作三個月以上一年未滿者，於十日前預告之。

㈡繼續工作一年以上三年未滿者，於二十日前預告之。

㈢繼續工作三年以上者，於三十日前預告之。

勞工於接到前項預告後，為另謀工作得於工作時間請假外出。其請假時數，每星期不得超過二日之工作時間，請假期間之工資照給。雇主未依第

一項規定期間預告而終止契約者，應給付預告期間之工資。

第四節　競業禁止條款

　　在知識經濟高度發展的時代，商業環境競爭激烈，惡性挖角、跳槽事件頻傳，而企業爲了避免人才流失，以危害企業內部的營業祕密及利益，通常會要求人員到職或離職前，簽署員工競業禁止條款。

　　根據行政院勞動部公告《簽訂競業禁止參考手冊》之內容對「競業禁止」的定義：「事業單位爲保護其商業機密、營業利益或維持其競爭優勢，要求特定人與其約定在在職期間或離職後之一定期間、區域內，不得受僱或經營與其相同或類似之業務工作。」競業禁止簡單來說，就是企業與員工約定後者離職後，在表9-2特定的期間、區域、職業活動範圍，不得經營或受僱與原雇主相同、類似性質之工作。這類合約限制員工離職後的就業選擇，即稱爲競業禁止或競業禁止條款。

表9-2　競業禁止之限制（勞動部）

限制	說明
期間	歷年來經法院審理案例中，競業禁止條款約定之期間有三個月、六個月、一年、二年或三年，目前較為常見且為法院所接受的期限為二年以下。如臺灣高等法院87年度勞上字第18號判決，認為勞雇雙方於協議書內約定勞工自離職一年內不為屬於公司直接競爭營業範圍行為，若有違約自應依法賠償，該一年內競業禁止之約定，尚稱允當，應認為合法有效。板橋地方法院94年度勞訴字第53號判決，認為競業禁止之期間約定應以二年始為合理。
區域	應明定一定之區域，且不得構成勞工就業及擇業權利的不公平障礙，應以企業的營業領域、範圍為限。至於雇主尚未開拓的市場，或將來可能發展的區域，基於自由競爭的原則，不應該受到任何限制。如臺北地方法院89年度勞訴字第76號判決，認為勞資雙方約定之競業禁止條款，禁止勞工任職之區域遍及中華民國境內，且期間兩年內無法利用其原有之專業技術，亦無提供補償，其限制已有逾越合理範圍。

限制	說明
職業活動範圍	競業禁止職業活動的範圍，應該指員工離職後不得從事的工作或業務，以及指對原事業單位具有競爭性的行業。如臺北地方法院 89 年度勞簡上字第 46 號判決，勞資雙方約定之競業禁止條款，約定勞工於離職後六個月內，不得做出違反公司利益及不當之競業行為，除船貨承攬業或船務代理外，受僱人於該期間內仍得自由選擇區域、營生方式、從事其他業務工作，故其約定限制勞工從事之業務範圍尚未超逾合理範疇，不致造成該勞工生存困難。

一、要求員工簽定競業禁止條款之目的

勞動部撰寫之《簽訂競業禁止參考手冊》內容已表明與員工簽定競業禁止上的限制，其主要是考量企業利益為出發點，並維持憲法保障權利之平衡。故要求員工簽定競業禁止條款的主要目的包括：

1. 避免其他競爭事業單位惡意挖角或勞工惡意跳槽。
2. 避免優勢技術或營業祕密外洩。
3. 避免勞工利用其在職期間所獲知之技術或營業祕密自行營業，削弱原雇主之競爭力。
4. 藉以保障雇主在經營、技術、人力培訓方面所做的投資不致於落空。

案例9-1　公司挖角案例

A顧問公司之專案工程師張明浩，於其服務期間頗受業主楊董肯定，因此A顧問公司一直與業主楊董維持固定之合作關係。而後B顧問公司因明浩之服務經驗，高薪挖角其轉至B顧問公司任職，並命其負責業主楊董相關業務之爭取工作。因為明浩的關係，在競標中，B顧問公司成功取得業主楊董相當數目之案件，但A顧問公司的業績卻受到很大的打擊。（公共工程委員會 2007）

如果你是專案工程師明浩，你會不會接受B公司的邀請，去一家性質相同的顧問公司上班？

1. 會，因為自由工作權是人民的權利。
2. 會，因為駕輕就熟，容易有好表現。
3. 不會，因為這會造成個人專業信譽的受損，對自己未來發展不好。
4. 不會，因為這會讓原雇主與自己站在敵對的立場，違反公平競爭原則。

討論

　　站在效益的觀點來看，明浩選擇去B顧問公司可以獲得比在A顧問公司更高的工作報酬，並且工作內容也沒有太大的變動，可以立即適應新環境。站在行為後果的觀點來看，明浩在B顧問公司是特別被挖角過去，比較受公司上層的賞識，只要工作順利，相信對於升遷也比較有幫助。

　　然而從在倫理的觀點來看，兩家公司屬於相同屬性，並且還是敵對公司，如果跳槽過去，雖然會有比較好的薪水，但對於A顧問公司會造成不小的傷害。這種行為會違反《工程會工程倫理守則》第四條：工程師應維護雇主權益，嚴守公正誠信。

案例9-2　跳槽違法嗎？

　　鴻海在2010年7月告發其前事業群經理林建光違反「競業禁止」條款，理由是林建光離職後即轉進企業對手光寶集團在中國大陸設廠的貝爾羅斯公司，任職業務拓展部的副總裁，所以要求林建光賠償鴻海168萬的違約金。

　　然而當法官審查當年林建光與鴻海所簽署的「誠信行為暨智慧財產權約定書」，卻發現除了在時間限制離職一年之內，與空間限制所有相關企業的所在國家或區域，不得擔任與鴻海有競爭行為的業務外，還條列相關營業項目高達45項，其內容涵蓋之廣，甚至連當駕駛、垃圾清潔工、房屋買賣仲介等職務，都有可能踩到競業禁

止條款的紅線。因此法官最後判定鴻海一審敗訴，因為其條款內容過於苛刻。（黃亦筠 2011）

如果你是一間大企業的老闆，對於組織內部的員工跳槽，你是否會對他提出競業禁止條款的訴訟及要求賠款？

1. 會，因為員工離開這間公司，就可能帶走這間公司的營運機密。
2. 會，因為員工已經簽署競業禁止條款，並到敵營公司上班，他就該負起條款責任。
3. 不會，看在這些年一起打拚的分上，就讓他走吧。
4. 不會，他或許有自己的人生規劃跟經濟考量，不必刁難他。

二、競業禁止條款之原則

如果「競業禁止」單方面地由企業以工作規則訂定，或勞動契約約定內容，對於該公司之任職員工而言，顯得失去應有的公平，此將影響員工的工作權、職業活動自由。勞工的工作權、職業自由及雇主的財產權均是憲法保障的人民基本權利，因此關於競業禁止條款的合理性，勞委會提出以下一些參考原則（黃邦平2016）：

1. 員工有無顯著背信或違反誠信原則
2. 雇主有無法律上利益應受保護之必要
3. 勞工擔任之職務或職位
4. 應本契約自由及誠信原則約定
5. 限制之期間、區域、職業活動範圍是否合理
6. 有無代償措施
7. 違約金是否合理

三、2016年度競業禁止條款之增修

　　現今企業之間的競爭日趨白熱化，組織內部的員工流動率相較以往，呈現大幅提高之趨勢。因此企業出於保護營業利益為目的，往往會要求到職或離職員工簽署競業禁止條款，並訂定最低服務年限，以限制員工於合約所規範之期限內不得離職。

　　由於求職者在目前經濟不景氣的大環境下，經常為爭取企業所提供之工作機會，在未經縝密思考的情況下簽定相關條款，導致日後於提前離職或被雇主逼離，面臨難以償還之巨額違約金的窘境。有鑑於此，立法院江惠貞、蔣乃辛及王育敏等多位委員（2015）連署提出《勞動基準法》之修正案，針對「離職後競業禁止」、「調動」、「最低服務年限」及「童工」相關規範進行增修（勞動基準法2016），其說明分別如下：

1. 雇主與勞工約定「離職後競業禁止」，應符合下列要件：1.雇主有應受保護之正當營業利益；2.勞工需擔任之職務能接觸或使用雇主營業祕密；3.競業禁止之期間、區域、職業活動範圍及就業對象，不得逾合理範圍；4.雇主對勞工因不從事競業行為所受損失有合理補償，且合理補償不包括勞工於工作期間所受領之給付。雇主未符合上述規定中任何一項規定，其與勞工所約定之條款無效。另明訂合理有效競業禁止條款，最長競業禁止期間不得逾2年，凡超過2年者，縮短為2年。（增訂第9條之1）

2. 明訂雇主調動勞工工作，除不得違反勞動契約之約定外，並應符合：1.基於企業經營上所必須，且不得有不當動機與目的。但法律另有規定者，從其規定；2.對勞工之工資及其他勞動條件，未作不利之變更；3.調動後工作為勞工體能及技術可勝任；4.調動工作地點過遠，雇主應予以必要之協助；5.考量勞工及其家庭之生活利益。（增訂第10條之1）

3. 雇主有意與勞工約定最低服務年限，必須要對勞工有投入專業培訓費用成本，或提供勞工合理補償，違者其約定無效。另發生不可歸

責勞工事由導致勞工提前終止勞動契約時，勞工不用負擔違約相關責任，包含違約金、損害賠償或返還訓練費用等責任。（增訂第15條之1）

4. 增訂16歲以上未滿18歲之人不得從事危險性或有害性之工作，雇主倘違反前開規定，處6個月以下有期徒刑、拘役或科或併科新臺幣30萬元以下罰金。另增訂未滿18歲之人受僱從事工作者，雇主應置備其法定代理人同意書及其年齡證明文件之規定，雇主倘違反前開規定，處新臺幣2萬元以上30萬元以下罰鍰。（修正第44條及第46條）

前述四項條款經立法院三讀通過，除了可以保障勞工競業期間之應有權利，更可對企業之營業祕密、特定技術、投入大量培訓成本等，有更明確有效規範的依據，以保護企業之競爭力與營業利益，使勞資雙方達到雙贏的局面。

於2015年12月中修法通過之《勞基法》，預告競業禁止施行細則之明確規定，確認勞資雙方需透過書面約定競業禁止條款，期限最長2年。競業禁止的區域應以原公司具體營業範圍為限，且競業對象與其職業活動範圍應明確具有競爭關係。如果員工因不從事競業競爭行為而接受個人經濟上的損失，原雇主理應給予合理之補償，補償不包含員工於在職期間所獲之給付。雇主對受限制的員工每月補償金額應不低於離職時月平均工資50%，以維持離職員工的生活所需，並約定離職後是一次領或按月給付。（黃邦平 2016）

第五節 關於營業祕密

企業的營業祕密侵權糾紛主要來自，透過員工管道洩漏營業機密資訊。有關離職員工所簽定之競業禁止條款，近年來已成為許多企業保護營業祕密的重要措施，藉此防堵公司內部之機密資訊被他人所外洩。

我國臺灣《營業祕密法》（2013）制定於民國85年，內容參照世界貿易組織（World Trade Organization，簡稱WTO）與「貿易有關之智慧

財產權協定 Trade Related Aspect of Intellectual Property Rights, including Trade in Counterfeit Goods，簡稱 TRIPS」附屬協定第39條，各國必須立法保護營業祕密，而編撰此法。立法之目的在於對合法持有資料，有防止被洩漏或遭他人違反商業誠信方法取得與被使用的可能，且揭露法律所保護之營業祕密的規範。

《營業祕密法》與《競業禁止條款》間的關係相當緊密，皆針對離職之員工有法律規範與限制的效力。以下為與競業禁止相關之《營業祕密法》，提供讀者參考，而《營業祕密法》詳細內容請參考附錄B。

對於雇主而言，為了避免營業祕密被洩漏，必須先定義哪些智慧財產及資料是屬於營業祕密，不然員工於離職時將組織內部的重大資料帶走，竊取營業祕密之犯罪將不成立此外，企業對於機密文件亦必須小心翼翼的管理，避免訴訟時被告質疑機密文件為何得以草率地放置公共場合，此行為可能導致竊取營業祕密罪不成立。

一旦企業決定對離職員工提出妨礙營業祕密之罪刑，該員工所投靠公司可能為撇清責任而開除該名員工，該名員工的行為最終所換來的結果將是得不償失，且必須面對法律責任問題。因此當我們將要離職時，不要留給雇主「挾怨報復」的機會，離職前最好不要帶走與公司相關之資料或物品，以示個人清白，並可與前雇主保持良好關係。

案例9-3　獵殺叛將——揭密梁孟松投效三星始末

台積電研發部重量級幹部梁孟松因在2009年職務調動過程中未獲晉升，憤而離職，遠赴韓國成均館大學教書，然而所教導的對象竟然是台積電競爭對手三星的員工。這使得三星與台積電的距離大幅拉近，而台積電的獲利因此削減。

台積電在2014年的法說會上直言，三星的16奈米技術的確已超越台積電，導致他們接不到蘋果A9的訂單、外資調降台積電的投資評等，因而造成台積電股價摔落。台積電質疑梁孟松私下將奈米技術轉授三星，於是興訟提告他洩漏營業祕密。後來最高法院判

決，梁孟松在「競業禁止期限」結束後，在2015年之前不得任職三星，同時也不能洩漏台積電的業務祕密，以及人事資料。（參考資料：陳良榕2015）

如果你是梁孟松，在決定跳槽時是否會投奔敵營？

1. 會，因為對方開的價碼比較優渥。
2. 會，對方的技術仍在發展，未來發展方向也是我所期望的，在那邊能學到東西。
3. 不會，因為我與原公司先訂競業禁止條款，我有我要面對的法律責任。
4. 不會，因為我會對自己原公司的同仁過意不去。

以上案例，當事人除了違背企業營業祕密法外，也牽涉到個人在公司不受到重視的情況，相信此類的事情會不斷的上演，也可能會發生在我們身上，如何妥善處理，也是各公司與每個人努力的方向。

營業祕密是各國都非常重視的事情，其辦法也受到各國的重視，近年來修正如下：

1. 臺灣營業祕密法修正，觸法者得處5年以下徒刑，併處100萬至1000萬臺幣罰金；若在域外犯罪且洩漏營業祕密，刑罰加重為1年以上10年以下徒刑，最高罰金為所得利益的10倍。

   2013年新修的營業祕密法是為了防堵叛將，規定如果「意圖在外國、大陸地區、香港或澳門使用」營業祕密，將面臨最重十年有期徒刑，五千萬以下罰金。而且「若如犯罪行為人所得之利益超過罰金最多額，得於所得利益之二倍至十倍範圍內酌量加重。」也就是說，若犯罪所得為一億元，最高可罰到十億元。

2. 美國2013年修正，當年11月生效：觸犯經濟間諜罪者，個人易科罰金上限從50萬美元調高至500萬美元，企業罰金則從1000萬美元，調高至其竊取之商業機密價值的3倍。國會並且指示，如果商業機密被外洩至另一國，則加重判刑，觸法者刑期從15至21個月增為21至27

個月。

3. 日本計畫修正「反不正當競爭法」，最快將於今年提交國會審議，除由告訴乃論改為公訴罪，並將提高罰款上限。目前個人罰款上限為1000萬日圓，企業則為3億日圓。

案例9-4　智慧財產權之案例

　　曾華偉原任職於老字號工程顧問公司，擔任電機工程師。他天資過人，擁有美國名校的博士學位，學經歷都很卓越。他曾在老字號工程顧問公司任內，研發設計交通控制系統，獲得該年度經濟部創新研發獎，是企業界必爭的要角。後來新生代機電施工公司因為承作老字號工程顧問公司的業務，接觸到華偉研發的交通控制系統，非常賞識他，於是不惜重金將他挖角過來，並委派他繼續為公司研發設計重要系統。

　　新生代機電施工公司的林董事長發現華偉在前公司除了開發交通控制系統之外，還有陸續設計研發過一些方案，只是當時的公司上層認為不切實際，所以未經採納而擱置。現在林董和華偉將這些被擱置的方案重新討論後，卻認定大有可為，所以決定將華偉的這些研究理念和研發成果實際應用在公司目前的系統中。華偉覺得這些方案固然是他在前公司任內完成的作品，但當時他是計畫主持人，重要的研究理念都出自他本身，公司其他同仁只是配合協助而已，並且後來前公司也沒有採用他研發的系統，所以拿來用在新任職的公司系統上，應該不成問題。（參考資料：公共工程委員會2007）

華偉的想法對嗎？

1. 對，都是他本身所提出的理念和研發，而且原公司也沒有採用。

2. 不對，雖然沒被採用，但是那些理念都是當時公司所有，也是屬於智慧財產權的一部分。

討論

受僱員工在公司期間所著作的作品所有權為公司本身所有，所以華偉當時在老字號公司所著作的研究，即使在老字號公司不被採用，也不該在新生代公司被使用。雖然華偉在原公司所提的理念和研發並沒有被接受，但是站在法律的角度而言，華偉在原公司工作期間，所提的理念和研發也是屬於原公司的財產之一，不可以因為換了公司就帶走那些理念和研發。即使是原公司不知情，也應該站在工程倫理道德的角度，拒絕這類型的事情，否則就會違反工程會《工程倫理基本守則》第四條，應維護雇主權益，嚴守公正誠信。

相關法規：《著作權法》第2節第11條：受僱人於職務上完成之著作，以該受僱人為著作人。但契約約定以僱用人為著作人者，從其約定。依前項規定，以受僱人為著作人者，其著作財產權歸僱用人享有。但契約約定其著作財產權歸受僱人享有者，從其約定。（前兩項受僱人包含公務員）

習題

1. 跳槽的類型有哪些？請依序說明。
2. 離職前需要做好哪七件事？
3. 何謂競業禁止條款？包含哪四項目的？
4. 臺灣營業祕密法制定於民國 85 年，其內容是參照哪個國際組織之條例所制定而成？
5. 智慧財產權分成哪三大項？分別是保護哪些東西？

問題討論

1. 如果你為某企業高層，想對敵對企業進行挖角，挖角前要注意哪些事項？請舉例說明。
2. 如果你為被挖角的員工，需要注意並思考哪些事項？請舉例說明。

3. 「跳槽」與「挖角」這兩個字之間是否存在強烈的相關性？請說明。

4. 當企業高層發現內部人力老化問題嚴重時，你會給予什麼建議？

5. 如果你是企業主，面對金融海嘯的衝擊，進而想要解聘多位員工來降低成本。但是有些員工已經為你服務了幾十年，你會如何解決企業成本與員工關係的問題？

6. A公司投資許多資源以及資金才研發出的產品，卻被B公司仿造並以較低價格售出。雖然這使A公司利益受損，但卻使人們受益。在這種情況下，如果你是消費者，你會選擇購買A公司的產品，還是B公司的產品？為什麼？

參考文獻

1. 《教育部重編國語辭典修訂本》，跳槽，http://dict.revised.moe.edu.tw。

2. MBA智庫百科，跳槽。

3. 鍾子偉（2013），〈問自己三件事 再決定要不要跳槽〉，《商業周刊》，1318期。

4. 《勞動基準法》（2016），全球法規資料庫，http://law.moj.gov.tw。

5. 勞動部，《簽訂競業禁止參考手冊》。

6. 黃亦筠（2011），〈跳槽違法嗎？五要件了解競業禁止條款〉，《天下雜誌》。

7. 黃邦平（2016），〈競業禁止期間 勞工補償金需達半薪〉，《自由時報》。

8. 陳良榕（2015），〈獵殺叛將──揭密梁孟松投效三星始末〉，《天下雜誌》。

9. 智慧財產局網站，https://www.tipo.gov.tw。

10. 公共工程委員會（2007），工程設計之智慧財產，http://www.ieet.org.tw。

11. 《營業祕密法》（2013），全國法規資料庫，http://law.moj.gov.tw。

第十章
與核能發電相關之倫理議題

　　許多國家對於是否採用核電一直爭論不休，因為核電的優點與缺點並存，在臺灣也同樣面對諸多爭論。本章會就其爭論點加以討論，並探討不同國家處理此問題時的情形，以供讀者參考。

第一節　臺灣核能發展的五大爭論焦點

　　近年來受到2011年日本福島核災的影響，核能議題再度被高度關注，包括核一、核二、核三廠是否延役、核四廠的廢存以及核廢料等議題。本節將綜合各界支持和反對核電發展兩邊的觀點，對於臺灣核能發展的適切性進行探討。

一、核電是否安全

　　反對核電者認為由於臺灣位於太平洋環地震帶，頻繁的地震嚴重威脅核電廠的安全，2011年日本發生的福島核災就是地震所造成。而興建中的核四廠，距離山腳斷層約60公里，有地震及海底火山群引起海嘯等風險，因此主張核電不安全，不該再興建核電廠。國際機構已屢次點名臺灣是全球最高核災風險的國家之一，加上臺灣地狹人稠，一旦發生核災，將造成無以彌補的傷害。

　　支持核能發電者則認為，相較於臺灣主要的發電方式——火力發電，核能較為乾淨且安全。由蕭國鑫（2016）提出的2016年全球核能產業資料，截至2016年7月1日為止，全球共有31個國家，計402部核子反應爐營運中，總裝置容量348GW（10^9 W）。其中2015年核電總發電量2.44兆度，占全球總發電量10.7%，約等於全球初級能源消費之4.4%；而2015年

全球的核能發電量成長 310億度（+1.3%），主要是中國大陸核能發電量增加的貢獻。

二、核廢料如何處理

反對核電者認為核廢料經過處理後仍具高放射性，會對環境造成危害。核電廠附近大範圍的區域，不論是房屋或土地在短期內都無法使用，貽害子孫。核廢料所帶來的輻射危害，會延續數百至數十萬年，造成世代與環境的不正義。

而支持核能發電者則認為，核廢料的處理，技術上是可行的，並非無解。臺灣已具備低階核廢處理的技術能力，並可與國際同步發展高階核廢料的最終處置技術能力。

三、不蓋核四臺灣是否會缺電

反對核能發電者認為臺灣備用電力目前仍足夠，不需再蓋核電廠，而應大力發展再生能源。2007年至2012年間，包括太陽能、風能、水力、生質能等再生能源已占全球新建電廠的43%，遠遠超過煤電（38%）、石油與天然氣（18%）、核能（1%)（全國廢核行動平臺 2013）。

支持核能發電者則認為，再生能源受日照、風速的影響，無法如核能發電全天候穩定持續供電。此外若要開發地熱能源，臺灣淺層地熱可開發量僅約15萬瓦，相當於核四廠總容量的5.6%，至於深層地熱國際間尚無商轉之實例。因此短中期內再生能源還無法取代核電。

四、核電的價格

反對核電者認為，依據麻省理工學院公布的核能發電成本計算，每度約要2.62元到3.77元，若再加上核電廠興建成本，每度電成本可達5元左右，可說是最貴的發電形式（中央社 2011）。

然而支持核電者則認為，不清楚麻省理工學院計算方式為何，但台電在核能發電成本計算，每度為0.66元，並包含核廢料處理費用在內（中

央社 2011）。另外，核能燃料費用占其發電成本比例低，其發電的成本較不易受到國際經濟情勢的影響，較其他發電方法為穩定。

五、臺灣核能的未來

站在反對核能發電的論點來看待臺灣核能發電的未來，許多環保團體主張立即廢核。2015年3月14日於廢核大遊行提出，核一、核二及核三廠應盡速除役，不得延役，並直接廢止核四計畫，不再浪費人民稅金封存，應全面檢討核廢處置政策，不可貪圖近利而禍延未來。

站在支持核能發電的論點來看待臺灣核能發電的未來，在確保不限電、維持合理能源價格，及達成國際減碳承諾三原則下，實踐節能減碳與穩定電力供應措施，推動穩健減核及打造綠能低碳環境，以逐步邁向非核家園願景。

第二節　臺灣核能政策

面對臺灣核能發電的留存爭議，政府必須讓人民知道臺灣用電的現況與困境，因此資訊的公開透明是必要的。而核能政策的推動影響著臺灣的安全、經濟等發展，所以政府必須與人民充分溝通，並要在反對與支持雙方的論點中找到平衡點，創造雙贏的局面。

一、現況

根據台灣電力公司官網之資料（圖10-1），民國104年核能發電占總發電量之16.04%，而加上民營電廠，燃煤發電占最大宗約35.72%，其次為天然氣的35.1%，第三名就是核能發電，因此核能仍是臺灣主要發電方式之一。

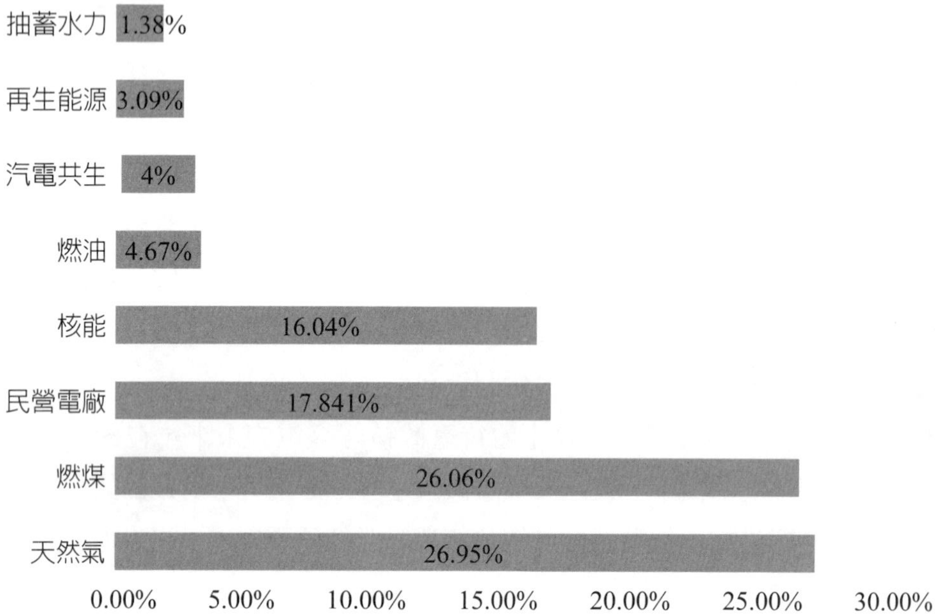

圖10-1　104年發電量占比圖（臺灣電力公司網站 2016）

二、政策考量

　　核能議題往往被當作操作選舉的議題，2016政黨輪替後，新舊政府的核能政策走向不同的道路。以下兩篇新聞報導分別說明政黨輪替前後不同的政策走向。究竟政府要繼續發展臺灣的核能？還是逐漸走向核能終點？

案例10-1　政黨輪替之前（2014年）

　　經濟部表示，因臺灣缺乏自產能源，目前大部分需倚賴化石能源，而核電具有發電過程不排碳，和準自產能源的特性，所以應繼續開發核電，以減少碳排放量，穩定供應電力，且可維持發電成本，符合多元性發展能源的目標。

　　以下為經濟部政策說明：

(一) 臺灣若要以開發再生能源來取代核四作為基載能源，在現階段

恐怕難度頗大，因再生能源不僅成本高昂，且無法維持24小時穩定發電。此外，短時間內也無法興建足夠的火力發電廠。

1. 太陽光電與風機的發電需仰賴足夠的日照及穩定風力，而其每年的利用率只達14%和28%，無法穩定供應用電所需，且成本與維護費用頗高，若大量使用將增加電費負擔，所以尚不能取代核四作爲基載電源。

2. 目前臺灣現有的兩座天然氣接收站幾乎已達供氣量的上限，若要用天然氣取代核四的發電量，約需一年接收300萬噸的天然氣，恐怕目前臺灣並無足夠的天然氣可燒。即使再興建第3座天然氣接收站與輸儲設備，需費時10至12年，所花費用估算約需1200億，也來不及彌補停建核四所造成的電力缺口。

(二) 國際能源總署（IEA）將核能視爲準自產能源，因其進口一批核燃料，就可供發電1年半，安全存量高，可提升我國能源安全性。此外，核能發電作爲基載電源的最佳選項之一，乃因具穩定供電特性，可24小時運轉發電。

(三) 核能發電過程不排碳，可降低臺灣電力系統碳排放量，免除產業面對全球碳管制所衍生的競爭障礙。根據《新經濟學人雜誌》報導，鑑於日本福島核災的慘況，日本、德國減少核能發電，但因此而需增加燃煤發電。燃煤電廠的輻射排放量其實比核電廠更高，造成二氧化碳及其他汙染物排放量加增，「溫室效應」更形惡化，導致氣候變遷加劇。

(四) 考量公共設施鄰避效應，若停建核四，不僅替代之電力建設緩不濟急，甚至確切的完成日期也難以掌握。民眾爲維護家園的環境安全，對於在其鄰近地區興建變電站、天然氣接收站、傳統燃煤、燃氣電廠等，常集結反對，發起抗爭，包括屬再生能源的風力發電也無法避免，如近期苗栗反風車事件。此外，還有要面對環評時程的不確定等因素。

經濟部能源局表示，在全球氣候變遷的衝擊下，減碳已成為國際潮流所趨。聯合國IPCC認為核電對於減排溫室氣體CO_2極具效率，而英、美等先進國家會選擇核電作為因應氣候變遷的能源選項之一，除因核能發電過程中不排碳及無空氣汙染等特性之外，還因其供電穩定、發電成本低、自主性高。臺灣98%能源依賴進口，更需考量各類能源的優缺點，發展多元化能源結構，以期永續經營綠能低碳的臺灣。（參考資料：李鴻典2014）

問題探討

1. 2014年經濟部對於核能政策發展的考量因素為哪些？
2. 以政府的角度，臺灣最適合哪種發電方式？

案例10-2　政黨輪替之後（2016年）

　　新任經濟部長李世光表示，目標訂在2025年，以九年的時間，將臺灣逐步轉型成為非核家園。現階段的策略是停建核四，且不再延役核一、二、三廠，並要提升再生能源發電量至總發電量的2成。

　　李世光指稱，為解決中南部空汙紫爆問題，將積極籌畫興建第三座天然氣接收站。他還認為台電過去都將備載容量7.4%當作限電門檻，然而從歷史上來看，即便低於7.4%也不一定會需要限電，但目前還是會維持備載容量7.4%，在此限電門檻上，加速導入綠能並提升火力發電廠效率。

　　李世光表示，目前全球太陽能板供應量是足夠的，且若能鼓勵在臺生產自用，將會降低更多成本。此外，比照日本火力發電廠平均有4成2的使用效率，臺灣火力發電廠因機組老舊與環評等因素，目前只有3成多的使用效率，所以當務之急應汰換更新老舊機組。

台電指稱，為實現2025年「非核家園」的目標，目前發電配比，火力發電79.5%，核能16%、再生能源（含水力）3.1%及抽蓄水力1.4%，勢將有所改變，將會提高綠能與燃氣氣渦輪發電的比重。同時必須針對多元能源的開發，與維持供電穩定性提出相關配套措施。

　　對於新政府以部長層級和經濟部的高度，宣示推動再生能源的發展，臺灣再生能源推動聯盟理事長高茹萍表示「樂觀其成」。（參考資料：高詩琴 2016）

問題探討

1. 政黨輪替後，核能政策做了哪些轉變？
2. 假如政策落實，臺灣會面臨的挑戰為何？

　　2017年8月15日發生全臺大停電，凸顯臺灣電力的不足，然而政府為了推動2025非核家園，改用燃煤發電或天然氣發電來填補供電的缺口，但燃煤排放的PM2.5（細懸浮微粒）是一級致癌物。學者紛紛呼籲，在非核基礎下，政府企圖增加火力發電，填補供電缺口，根本是要人民「用肺換電」，是政府施政有待解決的問題（楊蕓 2017）。

第三節　國際觀點

　　對於核能發展，國際上也出現多種聲音，有些國家加速興建核電廠，而有些則走向非核家園。不同國家有各自的政策，但是放眼未來，核能對地球的影響力為何？以下案例為國際核能專家麥可施耐德（Mycle Schneider）對能源發展提出的見解。

由於核能發電存在著高風險性，許多國家對於發展核電改採保守態度。同時也因大眾環保意識的提升，使得對開發綠能的重視日益增強。

國際核能專家麥可施耐德（Mycle Schneider）日前接受《德國之聲》專訪表示，相對於再生能源成本自2012年以來大幅驟降，核能成本卻大幅提升，預計至2017年核能成本將會上漲30%。因此世界各大銀行如花旗銀行、德意志銀行、瑞士銀行、瑞德集團等，近期也重新評估能源產業。他們表示由於太陽能效率的改善，使得自置太陽能的「自給自足」發電費用，低於傳統用電方式，預計自家建造蓄電設備、電動車等將帶動風潮。在再生能源成本降低情況下，2020年後綠能將主導全球能源市場。（參考資料：陳彥驊2015）

問題探討

1. 你覺得此報導對未來的預測會成真嗎？為什麼？

第四節　亞洲情勢

雖然歐美等國家對於核能不再抱有熱忱，但是亞洲國家卻不受日本核災的影響，對於核電產業依舊抱有希望並持續的發展，本節對東北亞、中東地區，及中國大陸等亞洲國家的核能發展進行探討。

案例10-4　東北亞及中東地區

日本福島核災2011年發生後至今，日本對於是否持續開發核電意向未明。然而全球對於核電的開發仍然相當重視，於是日本核能發電設備製造商便將營運重點轉移至海外，特別是在經濟正加速發展的亞洲，對於核電的需求方興未艾。

日本原子力產業協會（Japan Atomic Industrial Forum）研究報告指出，至2014年為止，全球運轉中的核子反應爐共有426座，總發電容量約為3.86億瓩。2013年停機關爐的共有6座，2座在日本，4座在美國，然而完工上線運轉的反應爐則有3座，其中1座在伊朗，2座位於中國。

　　全球目前未計許多正在規劃籌建的核電廠，正在興建的反應爐就創20年來新高紀錄達81座，其中60%位於亞洲，隨其蓬勃發展的經濟勢力而擴長。包括中國與南韓在內等5個國家，在2013年開始動工興建的反應爐就有8座。此外，美國在2013年開始啟動為期35年的一系列核電廠興建工程，總共規劃建設5座核電廠。

　　中東地區的國家已快速加入發展核電的行列，於2013年伊朗第1座核子反應爐開始商轉，而阿拉伯聯合大公國第2座核子反應爐已開始興建。此外還有孟加拉與白俄羅斯也都正在規劃開發與興建核能發電廠。

　　截至2014年，因日本尚無新建核電廠計畫，而國際間的核電需求仍水漲船高，於是日本核電設備製造大廠紛紛出走，轉向攻占海外市場。三菱重工參與一個多國企業合組的聯盟，準備在土耳其競標一座核能發電廠的投資工程，而日立之前收購英國核電公司 Horizon Nuclear Power，並已取得興建核能發電廠的工程訂單。此外，日立透過新設核子技術研發中心，希望促進與英國政府進一步的關係，以取得更多興建核電廠的商機。（林國賓 2014）

　　但之後，日本政府雖然面對強大的反對聲浪，仍在2014年4月通過重啟核電廠的政策。日相安倍晉三表示核能是日本最重要的能源來源，無法放棄。在核災發生前，日本有30%的能源倚賴核電。目前日本火力發電占80%，而綠色發電則占10%，包括占1.6%的風力發電、太陽能發電以及生質能源發電，其他由水力發電提供8.4%。安倍政府推動讓1/3的核電廠復役，提高核能發電比例，以降低火力發電之比重。（參考資料：Fritz 2014）

1. 試討論日本有無興建核電廠計畫，分別會對日本有什麼影響？

2. 中東地區的國家開始發展核能，他們會有哪些挑戰？

3. 亞洲核能產業的趨勢看漲，分別說明核能產業的優勢與劣勢為何？

案例10-5　中國大陸核電

　　根據路透與《華爾街見聞》報導，在倫敦舉行的世界核能協會會議中，中國國家核電技術公司副總經理兼總設計師鄭明光說明，國家核電公司、中國廣核集團與中國核工業集團等對岸3家核能發電業者，預計每年將各新建2座核子反應爐，而在未來10年，中國整體計畫興建的核能發電廠將超過60座。並且在未來中國5年內，中國將著手蓋30座核子反應爐，隨後5年興建更多座。鄭明光表示，第一波的6座核子反應爐將由國家核電公司在山東海陽興建兩座，中國廣核集團則在廣東陸豐興建兩座，還有中國核工業集團在浙江三門興建兩座。

　　根據東方證券估計，按80%的設備國產化計算，中國國內核電設備的市場大約值1920億人民幣，而至2020年，中國核電設備的市場將至少有2400億人民幣（約1.14兆元臺幣）。

　　截至2016年8月，按行政院原子能委員會統計，中國共建有18座核電廠、35座核子反應爐，大部分分布在福建、廣東，以及浙江。而正在規劃興建的發電用核子反應爐尚有20座。（參考資料：劉煥彥 2016）

問題探討

1. 面對經濟急速發展的中國，核能扮演什麼樣的角色？

2. 中國的核電廠興建計畫似乎是蓬勃的，何以如此？好處為何？壞處為何？

第五節　民眾對於核能議題的想法

　　福島核災後，核能議題炒得沸沸揚揚，全球對於這項議題的關注程度逐漸升高，車諾比等核災事件也再度被討論。核能這種發電方式令人又愛又恨，臺灣民眾對於核能的了解、核能的發展等議題到底參與多少，想法為何？以下針對核能議題，醒吾科技大學民調中心做了一項民意調查。

案例10-6　核能民調

　　醒吾科技大學民調中心受草根影響力文教基金會委託，調查一般民眾對於核能議題的想法。調查採電訪方式進行，共訪問20歲以上的民眾1099位。

　　根據這份民調結果，前空中大學校長，基金會研究召集人陳松柏教授表示：有59.97%的受訪民眾認為自己對於核能發電的利弊得失與優缺點能完全了解，而有4成的民眾則認為自己並不了解核能發電的優缺點。此外有54.14%的民眾認為停建核四，若核一、二、三廠也除役，將會對臺灣的經濟發展有所影響。有50.77%的民眾則願意在核電廠廢除與停建後支付較高電費，顯示國人對於非核家園的理念已逐漸形成共識。（參考資料：羅方翰 2014）

問題探討

1. 過半民眾願意在核電廠廢除與停建後支付較高電費，你的看法是？
2. 核電廠的除役及停建與否，你的看法是？為什麼？

習題

1. 目前臺灣有哪些發電方式？
2. 核能發電有哪些優缺點？

3. 臺灣火力發電所造成的年碳排放量為多少？是否對環境造成衝擊？

4. 節約用電的方法有哪些？請依序舉例說明。

5. 臺灣適合發展那些綠電，請舉例說明。

問題討論

1. 你是否認真算過自身一人在兩個月內所需的電量與電費？

2. 您是否認同使用核能發電來支援臺灣電力的短缺？

3. 如果臺灣核能發電停止使用進而造成電價提高，你是否能接受電價提高的事實？

4. 如果臺灣核能電廠發生事故，造成核災事件的發生。請問，臺灣核災之應變程序與措施為何？

5. 環境保護與國家經濟發展是相互衝突之議題嗎？如果你為國家元首，你會如何衡量並同時滿足民意？

6. 政府為推動2025非核家園，改用燃煤發電或天然氣發電來填補供電的缺口，但會增加PM2.5的排放，你會有何建議？

參考文獻

1. 蕭國鑫（2016），能源知識庫，2016年全球核能產業現況，工業技術研究院。

2. 全國廢核行動平臺（2013），為什麼反核，http://nonukeyesvote.tw/。

3. 中央社（2011），台電：核電成本每度不到1元。

4. 臺灣電力公司（2016），核能營運現況與績效，http://www.taipower.com.tw。

5. 李鴻典（2014），經濟部：〈若核四不商轉，替代電力緩不濟急〉，《今日新聞》。

6. 高詩琴（2016），〈「2025就是要廢核」經長斬釘截鐵〉，《聯合報》。

7. 楊蕓（2017），〈臺中電廠火力全開學者：用肺換電〉，《臺灣醒報》。

8. 陳彥驊（2015），〈核能成本漸高五年內綠能成主流〉，《臺灣醒報》。

9. 林國賓（2014），〈《東北亞》亞洲核電逆勢成長〉，《工商時報》。

10. Fritz, Martin (2014), Japan reverses its withdrawal from nuclear power, Deutsche Welle (DW), 2014.4.13.（阿咖翻譯，日本通過重啟核電廠計畫）

11. 劉煥彥（2016），〈中國擬10年再蓋60座核電廠首批在廣東浙江山東〉，《蘋果日報》。

12. 羅方翰（2014），非核家園過半民眾願意付較高電費，國立教育廣播電臺。

第十一章
與資訊科技相關之倫理議題

第一節 資訊技術

　　「資訊科技（Information Technology, IT）」一詞最早是出現在1958年《哈佛商業評論》中，由Harold J. Leavitt及Thomas L. Whisler（為早期探討資訊科技對管理產生影響的兩位學者）所撰寫的Management in the 1980s（Leavitt & Whisle, 1958）。文中提到「在過去的十年間，一項新技術已經開始在美國商業中占有一席之地，這項技術非常新穎，以至於該項技術的重要性難以評估。雖然這項技術在許多層面具有不確定性，但它很明顯地將迅速深入管理領域，對管理組織產生明確且深遠的影響。在本文中，我們將推測這項技術所帶來的影響，其特別適用於將來的中大型商業公司。這項新技術還沒有被賦予一個固定的名字。我們稱之為信息技術。」

　　俯視資訊技術發展的時間軸，如表11-1依照資訊產品的不同儲存及處理功能劃分為幾個不同的階段，以了解這項技術的演進。資訊技術亦稱「資訊和通訊技術（Information and Communication Technology, ICT）」，為應用於資訊處理與管理的各種技術總稱，美國資訊科技協會（ITAA）定義資訊科技為「對於一個以電腦為基礎之資訊系統的研究、設計、開發、應用、實現、維護或是應用」。與此領域相關之作業包括應用電腦科學及通訊技術來進行資訊系統（軟體）與網路管理的設計、開發、安裝、執行及測試等技術性作業；針對資訊技術生命週期的規劃及管理；軟硬體的維護、升級與淘汰。

表11-1 資訊技術演進期間（維基百科）

發展階段	發展時間
前機械時期	3000 BC-1450 AD
機械時期	1450-1840
機電時期	1840-1940
電子時期	1940-現今

隨著科技的日新月異，工程、社會、組織和個人都需依賴資訊技術所帶來的便利性。資訊技術的革命正漸漸地改變工程的處事方式，對人們的價值觀也產生很大的影響，這些影響更是涵蓋了工程、經濟、倫理、社會等許多構面。

第二節　資訊技術的益處與害處

資訊技術系統被廣泛地運用和執行各種任務，如圖11-1，有助於塑造龐大的商業世界和豐富我們的生活。隨著資訊技術的快速演進，已有許多領域受到影響，包括：教育、健康、娛樂、傳播等，使人們每一天所接受到的資訊比過去更多、更豐富。

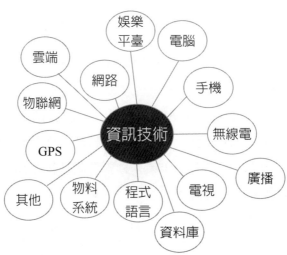

圖11-1 資訊技術發展（Levitin 2016）

在信息爆炸的世代，截止至今，一個人每天接收的資訊量約是資訊技術尚未發展成熟時期的五倍以上，個人電腦裡所儲存的總資訊量，隨便就可以上看三億萬萬兆位元。在資訊量如此龐大且複雜的世代中，這項技術同時帶來積極和消極的影響。以下章節將會探討資訊技術如何在不同產業影響我們的生活，其內容摘要可見表11-2。

表11-2　資訊技術對不同層面的影響（Levitin 2016）

	優勢	劣勢
商業	1. 增加產量與節省生產時間 2. 透過通信技術來改善溝通問題 3. 提升數據存儲、文件與財務的管理能力 4. 削減營運成本和增加RIO 5. 改善業務與消費者之間的關係 6. 提高商業競爭優勢	1. 執行費用增加 2. 相關作業的工作量減少 3. 資訊案例可能存在漏洞
購買行為	1. 信用卡與智能卡所帶來的採購便利性 2. 電子帳單顯示、繳費及統計 3. 可隨時了解貨品目前所在位置	1. 網路安全議題 2. 容易購買到瑕疵品與贓品 3. 可能間接地洩漏個人隱私
社會	1. 創新成為一組趨勢 2. 改善現代人的娛樂品質 3. 全球化的視野 4. 快速傳遞地方與全球的資訊	1. 數碼動暈症的發生 2. 網路成癮症的發生 3. 負面訊息容易取得 4. 網路及社會犯罪率提高
教育	1. 線上教學課程、教材與數據的普及 2. 改變傳統教育方法 3. 增加學生對世界萬物認知	1. 學生過度依賴搜尋引擎來解決問題 2. 容易產生著作權法的糾紛 3. 失去原創性的動力 4. 網路上充斥著許多錯誤資訊

一、資訊技術在商業中的優勢與劣勢

資訊技術的發展改變原有企業與工廠的營運型態，透過資訊技術所發展出來的系統，使實際數據的收集、儲存、統計與分析更加容易，並在人與人之間的溝通層面創造出無障礙空間，大幅提高交易和決策速度。這將節省組織於作業時所需耗費的時間，節省下來的時間可以拿去做更多有利

商業行為的活動。優異的技術執行與管理，組織可以改善其服務品質和產品品質，以滿足客戶所提出的需求，藉此提高組織所能獲取之利潤，同時減少營運成本，創造最大利潤。

由於資訊技術的創新，使商業、工廠及全球供應鏈的訊息交換速度不斷提高，為了因應時代快速變遷的需求，組織需針對資訊技術相關之設備（軟體）持續投入，進而導致組織需負擔購買、維護等費用。如果組織未針對資訊技術相關之設備（軟體）持續投入，可能造成組織的資訊安全存在漏洞，使不法分子趁機入侵系統，造成威脅。此外，技術的創新對原本負責相關工作之職員產生相當大的衝擊，失業的人口上升，更進一步衍生許多的社會問題。

二、資訊技術在購買行為中的優勢與劣勢

資訊技術工具的整合為人類的生活帶來更多的便利，例如購買商品的時候可以透過信用卡給付的方式進行分期付款，或利用智能卡的方式進行電子貨幣交易，類似的消費者購買行為於現今社會非常普遍。由於網路及資訊技術的發達，多數的銀行為了減少實體業務窗口的營運費用，開始架設網路銀行，將一部分的業務轉至網路供消費者自行作業，這樣的改變不但使銀行減少支出，更可以為消費者帶來便利性，同時也提高銀行的服務水準。網路平臺的開辦，給予消費者相當大的操作彈性，可以隨時透過網路來取得自己的消費資訊，包含訂單、轉帳、剩餘金額等個人財務資料，也可以透過網路來追蹤消費者自身所購買的商品，了解其目前的狀況所在位置與貨品抵達時間。如果一項商業性計畫將資訊技術管理得很好，它將可以協助組織贏得市場競爭優勢，使得業務有所增長。

網路安全議題是科技高度發展的情況下產生的副產品，有心的網路使用者可以透過散布廣告病毒、木馬病毒等惡意程式，來竊取其他使用者的個人資訊，這些資訊包含網路銀行帳號及密碼、社群軟體帳號及密碼等資料，再藉此勒索使用者交付贖金或惡意散布。除了網路安全議題外，網路平臺存在著形形色色的網路商店，不少消費者在購買時沒有查明該店家資

訊及通路，因此買到瑕疵品與贗品，造成個人的財務損失，更可能求償無門。面對這些問題，消費者與賣家都得留意，以免造成沒必要的損失。

三、資訊技術在社會中的優勢與劣勢

　　智慧型手機、行動網路與雲端大數據資料庫等的技術興起，提供人們相當多的資源，更可以在不同的社群平臺上分享個人的生活點滴、個人作品，在越來越多資料可以參考的時代下，創新則成為一個趨勢。創新可以吸引更多網路使用者的關注，藉此獲得資金募集、商品販售等行為，改變傳統社會的消費模式。資訊技術的創新為人類帶來更多的娛樂，可以在社群平臺上接收來自四面八方的訊息，例如可以與美國的親人透過Line進行對話、從FB的塗鴉牆來了解朋友的生活等，因此現代人的娛樂品質相較以往的社會大幅提高。

　　網路平臺的興起不只提供人類娛樂，更為人們開拓全球化的視野。傳播媒體近年來透過網路平臺快速傳遞地方與全球的資訊，即使人在臺灣，我們也可以透過不同的傳播媒體所架設的平臺，了解不同國家近期內發生什麼事件。然而網路平臺所帶來的效益並非皆屬正面，當網路平臺的便利性被不肖人士進行不當的利用，散布不實和腥羶色的訊息、撰寫假科學資訊改變常人的認知、甚至進行毒品與槍炮的買賣，進而提高犯罪率，這些行為將會對社會造成嚴重的傷害。面對這些問題，網路使用者需要對網路上的資訊做是非判斷的分析，才不會被錯誤的資訊影響到原本正確的價值觀，並要杜絕錯誤與不實資訊的散播，將網路平臺的正面價值最大化。

案例11-1　一個沉迷網路遊戲的男孩寫的文章

　　我22歲那年初入社會，曾經懷抱許多夢想，希望認真的打拚，讓獨自一人辛苦撫養我長大的母親可以過較舒服的日子。有一天在同事間的餐會後，被拖去網咖一起打電動，我一下子就深深被這不曾接觸過，卻又光怪陸離的網路遊戲世界所吸引，從此不可自

拔。每天下班後第一件事便是上網玩遊戲，跟著盟友上山下海，穿越時空大冒險。

就這樣在敲打鍵盤中度過3年，我成了武林高手，頂尖玩家，但在現實工作中卻因精神不濟，專注力不夠，屢遭解聘，得靠母親過活。而母親卻因此積勞成疾，在憂心中罹患肝癌過世。當母親病危時，我竟然因沉迷遊戲而完全不知嚴重性，等到清醒過來時，只趕得上去殯儀館見母親最後一面。當晚在懊悔的淚水中，我開始回想過去這3年我是何等的愚蠢，竟然因為虛擬的網路世界而賠上活生生的親情、友情、青春、事業。

一個月後，我終於找到一份工作，也領到了第一份薪水，但這些錢拿到母親墓前，卻只能買些金紙燒給她。看著隨風飄舞的灰煙，淚水不斷滴落。母親，我好想您，好想再聽到您的聲音，陪伴在您身邊。可是，失落了的母親，卻再也喚不回。

我勇敢地把切身之痛分享出來，希望還沉迷在網路遊戲中的你，能及早醒悟過來。若你讀不下去我的文章，我只能為你感到惋惜；若你因此得到力量，跳脫出來，我恭喜你。（參考資料：痞客邦 2013）

假設你目前在熱門的網路遊戲公司擔任遊戲軟體工程師，也知道現今社會上有許多人有網路遊戲沉迷的事件發生。如果你為了避免遊戲玩家沉迷過度，因此想設計出一個防止玩家過度沉迷的系統，但此系統可能會造成公司營收的減少，進而造成老闆的不悅，你是否會去設計防止遊戲玩家沉迷的系統呢？

1. 會，成群的年輕人在遊戲上浪費自己的光陰，實在不應該。
2. 會，這項設計可能會讓家長喜歡而讓公司賺大錢。
3. 不會，創造公司營收是員工的職責。
4. 不會，因為這樣的設計可能影響自己在公司的未來。

案例11-2　Mini158

　　臺灣網路論壇批踢踢（PTT）是臺灣最大的BBS討論區，常有上萬人在線上討論分享各種議題和八卦，是一個相當開放和自由的言論空間。

　　2008年3月，前Beauty版主mini158接受《壹週刊》採訪自拍話題後，隨後即被該週刊登出她的私生活及不雅照片。緊接著批踢踢的Gossiping版的網友也陸續貼上許多有關她的私事、學歷、生活細節等資訊，其中有不少是對mini158的負面批評，令她飽受困擾。於是mini158要求Gossiping版版主刪除有關她的全部留言，但因雙方對言論自由的認知差距而遭拒。mini158後來貼文示警，若Gossiping版主再不刪除貼文，她將出動黑道朋友「請」他刪除，她不會再提醒他，並說「他可以試試看」。結果Gossiping版主聲明，因他遭受恐嚇威脅，所以不得不刪除所有相關貼文。

　　部分網友以為mini158已涉嫌恐嚇罪，Gossiping版主應立即報警處理，但部分網友則認為沒有那麼嚴重，mini158只說要「請」他刪除，並未說出要對他不利等傷害性的言詞，因此她不致違法。然而事實上，網友們卻未想到，Gossiping版主未能在一開始即制止網友爆料公開mini158的真實姓名、照片，及過去從事的工作，甚至包括私人信件等，就已提供足夠證據，讓mini158可以控告Gossiping版主和所有參與討論的網友侵權。

　　此事件顯露出網路論壇聊天室需加強管理，免得網友誤用言論自由而侵害他人的權益，散播違法的言論。（參考資料：PTT鄉民百科）

假設你為Gossiping板板主，對於網友在Gossiping板留下他人的私人資料等細節，你是否會立刻刪除該篇文章？

1. 會，網友的個人行為已經妨礙到他人的隱私權。
2. 不會，由於她已經接受媒體採訪，這樣的事情對她影響甚微。

以上案例可以得知網路平臺可給我們帶來許多的方便性，但也容易引發事端，不得不謹慎。就《個資法》（2015）第十九條規定：非公務機關對個人資料之收集或處理，除第六條第一項所規定資料外，應有特定目的，並符合下列情形之一者：

1. 法律明文規定。

2. 與當事人有契約或類似契約之關係。

3. 當事人自行公開或其他已合法公開之個人資料。

4. 學術研究機構基於公共利益為統計或學術研究而有必要，且資料經過提供者處理後或蒐集者依其揭露方式無從識別特定之當事人。

5. 經當事人書面同意。

6. 與公共利益有關。

7. 個人資料取自於一般可得之來源，但當事人對該資料之禁止處理或利用，顯有更值得保護之重大利益者，不在此限。

蒐集或處理者知悉或經當事人通知依前項第七款但書規定禁止對該資料之處理或利用時，應主動或依當事人之請求，刪除、停止處理或利用該個人資料。

根據統計，2009年臺灣上網人口比例為70.95%，2010年更來到72.56%約1,622萬人。隨著網路的普及，更多人幾乎每天都使用網路來獲取新知，電腦與資訊科技所帶來網際網路的使用普及化與生活化進展，已成為國家的進步指標，也為人類的「生活、學習、溝通」增闢了一個新的媒介與場域。然而在其為人類帶來的好處讓多數人目不暇給的同時，一個重要且不可偏廢的議題「網路成癮（Internet Addiction）」油然而生。

美國精神科醫生暨臨床精神藥理學家Goldberg於1996年首先以「網路成癮症」（Internet Addiction Disorder, IAD）此一專有名詞用來形容因為過度沉迷網路而形成類似行為性成癮的失常行為。並且參照DSM-IV（《精神疾病診斷與統計手冊》）對於「病態性賭博症」的定義，認為網路成癮者可能出現的症狀包括以下幾項：

1. 爲求得滿足，上網時間顯著增加。
2. 停止或減少網路使用將導致在數天或一個月內發生下列情況：心因性肌肉運動的不安現象、心情焦慮、對網路上所發生的事情有反覆的思念、產生與網路有關的幻想，以及自發性或非自發性的手指打字動作。
3. 網路的使用逐漸超出原來預期的頻率與時間。
4. 曾努力想要控制或停止網路使用，卻徒勞無功。
5. 會花更多時間在與網路有關的事務上（例如上網訂購書籍、測試新的瀏覽器、研究網路上的廠商資料及整理下傳的檔案等）。
6. 重要的社交、工作及娛樂等活動均深受網路使用的影響而放棄或減少。
7. 即使發現由於過度使用網路而導致在心理、生理、社交及工作上不斷出現問題，也不會停止使用網路。

　　網路成癮者並不一定會同時出現上述所有的症狀，若行爲中有一種或多種符合上述症狀，則可說該網路使用者可能具有網路成癮症的傾向。英國學者Griffiths認爲，網路成癮症的病態心理本質上與強迫性賭博最爲接近。他的研究發現，一百個網路成癮症的受試者中，有22人表示他們在上網時可感受到如同使用古柯鹼產生的欣快感；12人表示在上網時他們可忘卻煩惱。網路成癮症與其他成癮症最大的差異在，網路成癮症並沒有生理的依賴現象，而是完全以心理的依賴爲主。

四、資訊技術在教育中的優勢與劣勢

　　近年來網際網路的崛起，對教育產生莫大的影響，讓有心往專業領域進一步深究的朋友，可隨時進行線上自主學習，補充與交流個人的專業知識。由於資訊技術的成熟及國家政策的大力支持，國內的教育機構因應全面E化的教育趨勢，積極開設各種遠距的同步以及非同步的E化網路學習課程。在資訊設備的應用上，多以網際網路作爲教學與學習之主要平臺，因此資訊技術在融入教學中扮演非常重要的角色。

　　E化網路學習模式不受地方、空間、時間等因素而有所限制，其所具

備彈性與自由，因此較符合自主學習的模式。相較之下，傳統課堂學習模式則反之，並以教學者為中心，學習上存在的限制較多。此兩種的學習方式、策略及內容皆有所落差，至於兩者的優劣則需由學習者依照自己的需求，自行判斷何種學習方式可給予自身在學習上有最大的效益。然而網際網路的便利性使人們搜尋資料、文獻與教材更加容易，能夠參考的資料也更加豐富，但也造就我們過度依賴搜尋引擎來解決現實生活與學習上的問題，導致自主思考的能力退步，亦失去原創性的動力。另外，他人於撰寫文章的過程中，未將參考文獻與引用出處標注明確，則容易產生著作權法的糾紛，侵犯他人權益（詹惠雯、沈順治 2008）。

第三節　資訊倫理

跨時代的網路科技與電子產品無間斷地推陳出新，導致國家立法跟不上科技變遷的速度，社會秩序就需依靠道德倫理系統來維持。資訊倫理教育不同於日常的資訊技術教育，其主要著重在個人的啟發、思考、發掘良知與培養正確的人生觀，而非資訊技術教育所強調從實際操作中去汲取經驗，並由熟練來達到學習的目的。

資訊倫理教育起始於1980年代，由Toni Carbo所發起。Carbo於1980至1986年期間擔任美國國家圖書和資訊科學委員會（U.S. National Commission on Libraries and Information Science, NCLIS）執行主席，因於工作時發現許多和資訊倫理相關之議題，引發她對於資訊倫理的關注。資訊倫理（Information Ethics）首先為Johnson（1985）所定義：「應用於資訊科技及電腦使用時相關的道德決策之原則。」此定義也可以說明為：「人們使用資訊系統或製造資訊產品時，面臨資訊相關之倫理議題上的權利與義務，以及賦予人們對此倫理議題在決策或行動上的是非善惡判斷之基準。」

1990年，美國匹茲堡大學是第一所開辦資訊倫理及問題常規課程的學校，由Stephen Alamagno教授與Toni Carbon教授共同授課，約略同時，

美國肯特州立大學亦提供資訊倫理之課程給予該校碩士學生研習。由此可知，資訊倫理之議題已於20多年前就受高等知識教育系統所重視，部分學者更預知現今資訊發達的社會所將要面臨的許多問題。

　　資訊技術的高度發展將人類帶進新興的資訊時代，並拉近現實生活中人際之間的距離。但也因為科技的發達，招致許多利益衝突而產生不可忽略的倫理議題，致使傳統社會的發展與結構起了巨變。資訊技術為人類生活帶來許多的改善及便利，而另一方面卻帶來利益衝突與權利上的喪失，甚至影響社會大眾的福祉。

第四節　資訊倫理的範疇

　　豐富多元的訊息可以擴展人類的心靈，並且賦予實現個人目標的能力，最終個人所獲得之結果通常是來自其他人心靈的輸入與協助，因此訊息成為人類創造他們生活、安全感與自信的智力資本。目前的資訊倫理具有下列新的挑戰（Parker 1990）：

1. 網路通訊與電腦的使用改變人與人之間的關係，使得人際之間的接觸會降低，並且因溝通的速度太快以至於資訊人員沒有足夠的時間去檢視違背倫理的可能性。
2. 當資訊以電子型態存在時，比以紙張的型態來的脆弱，因為它容易被更變，以至於發生未授權的存取。
3. 在保護資訊的整體性、機密性及可用性上所做的努力，常與資訊共享的好處之間會有所衝突。
4. 在缺乏授權與認證工具的情況下，資訊科技的應用常引起違背倫理的行為。

　　人類使用資訊行為的對錯、好壞、公正與否、適當與否的問題皆屬於資訊倫理範疇探討之內涵。生活中的一般人（具使用資訊的行為人）皆被資訊倫理之範疇所涵蓋。圖11-2為Mason（1986）及Lessig（2002）所提出的資訊倫理，討論於後。

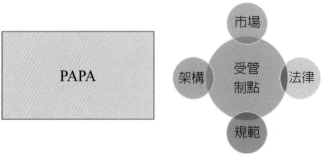

圖11-2　Mason及Lessig的資訊倫理範疇或架構（Mason 1986, Lessig 2002）

一、Mason的資訊倫理範疇

1986年，梅森（Richard O. Mason）提出資訊倫理議題的研究，其中以資訊隱私權（Privacy）、資訊精確權（Accuracy）、財產權（Property）、資訊存取權（Access）最為人所重視。此四大議題可透過簡單的四個字母「PAPA」所概括，正名如下：

1. P資訊隱私權（Privacy）

我們應該向他人透漏什麼樣的資訊，且哪些資料可公開或該保密？需要在什麼條件下完成這樣的行為？什麼樣的資訊需要嚴肅的對待？這些都是資訊隱私權可能引起的問題。

目前主要影響隱私權有兩大方面，分別是資訊技術的快速演進與資訊隱蔽技術的發展。資訊技術的進步，強化資訊系統的監視能力、溝通、運算、儲存和檢索的能力，導致現今社會時常出現「網路肉搜」侵犯個人隱私的問題。資訊隱蔽技術的發展可以增加商業或個人決策的保障與價值，然而它也存在難以忽視的威脅，一旦有人意圖不軌，想透過資訊隱蔽技術來犯罪、侵犯他人的隱私權，這些將會為資訊使用者帶來隱憂。資訊隱私權應保障個人資訊公開或予以保密的權利，在未經通知當事者並獲得同意之前，資料持有者不得將當事者所持有之資料予以公開或利用於其他目的。

2. A資訊精確權（Accuracy）

錯誤資訊是汙染人類生活的其中一種方式，尤其是錯誤資訊被決策者所引用時，所導致的後果將會是難以想像的。這樣的情況延伸出，誰該對資訊的權威性、真實性、正確性負有責任？錯誤資料造成之後果該由誰負責等資料管理問題。

資訊是否精確，對每天接收資料量數以千萬的人們而言，影響至大。試想，若交通工具的導航系統抓取到錯誤的地圖、座標等系統所需資訊，其可能導致難以預期的災害發生。因此人們在扮演資料提供者時，都有責任且把關資料的準確性，並對接收到的資料保持警惕，不隨意引用。

3. P財產權（Property）

財產權是目前社會所面臨最複雜的問題之一，由於此財產權本身具備特殊性與特有的呈現方式，例如：專利、著作等獨創性產物，其持有者具有持有、處置與利用的權利，因此這項權利的影響範圍涵蓋重要的經濟及倫理道德問題。

然而獨創性產物一旦被生產出來，這樣的產物就容易被他人所複製、抄襲，甚至被轉而分享至其他地方，使得持有者難以保護其原有價值。所以誰該合理擁有這些資訊或資訊傳播的管道？什麼才是資訊交換的合理公平價格？是政府、提供者及需求者所要嚴肅面對的問題。

4. A資訊存取權（Accessibility）

於資訊化的社會中，一般人民會具備以下三個特質：必須使用知識技術來處理訊息，如閱讀、撰寫及計算等；必須擁有存取技術來儲存或處理相關資訊；最後必須獲得存取該項資訊之權利，這將會影響到原持有者之財產權的權益，不得恣意存取。

案例11-3　違反隱私權相關案例

甲是稅捐單位之稅務員，乙是助理稅務員，而丙是房屋稅課承辦人，三人均為依據法令從事公務之人員。緣起於該等有共同友人

丁以徵信社為業，自83年間起，丁均以傳真或電話方式通知，用被查詢人身分證字號等資料，請甲等代查個人財產資料，再由甲等利用職務上操作電腦終端機之機會，或利用同事離開座位未關電腦之際，將建檔儲存於電腦中之待查對象個人財產資料，以身分證字號叫出後，再將資料交付或傳真回覆給丁。丁每月委查數十件不等，每件支付甲等人報酬新臺幣200元、1000元不等，丁則將所查得資料轉交委託調查之客戶，並收費牟利。（彰化縣地方稅務局2012）

如果你是稅捐單位之稅務員或助理稅務員或房屋稅課承辦人，並依據法令從事公務之人員，你是否會為了與丁的私人交情或利益來竊取被調查人之隱私資料？

1. 會，因為這樣的事情對我來說是小事，為了不影響與丁的交情，所以會做。
2. 會，因為這樣的事情對我來說是小事，並可從中獲取利益，何樂不為。
3. 不會，身為依法之公務人員，就該遵守中華民國之法律規範。
4. 不會，因為自己並不缺錢。

案例11-4　違反正確性相關案例

2003年3月28日總統府全球網站被人駭入發布消息，指稱總統府公告訂4月1日愚人節為國定假日，需放假一天。

經警方調查後發現此名駭客為某校高中學生，他以為開開玩笑，無傷大雅，但不知卻已觸犯《刑法》第352條，可處三年以下有期徒刑。這是屬於告訴乃論之刑法，還好總統府寬宏大量，原諒他不予追究。

多年後今天，未經許可擅自闖入總統府網站，或以各種方法駭入他人的電腦，都將觸犯《刑法》第360條的入侵電腦罪，必須承受法律的制裁。（參考資料：鄭人榮2014）

假設你是當年的網路駭客，是否會為了一時的好玩而癱瘓總統府全球網站的網路系統，並散布假消息？

1. 會，因為這樣做可以表示個人的駭客能力超群。
2. 會，因為這樣可以讓不知道的人以為愚人節是國定假日。
3. 不會，因為使用電腦網路就應該遵守十誡之準則。
4. 不會，因為這樣做對我沒有利益可圖。

二、Lessig的資訊倫理架構

美國哈佛大學法律學教授雷辛格（Lessig）長久以來質疑部分企業對知識性版權過度控制，並認為企業對智產權的嚴密保護已危害公眾合法的使用，呼籲業界應給予大眾對知識學習、認知的空間，以達成企業與大眾在利益上的雙贏。2002年，Lessig對當時網際網路已經相當普及的社會，提出一個資訊倫理架構，並將目光投注在智慧財產權、隱私權、言論自由及主權的探討，此部分與Mason於1986年所提出之資訊倫理範疇有些許差異。以下針對智慧財產權、隱私權、言論自由及主權進行簡單說明：

1. 智慧財產權

「智慧財產權」（Intellectual Property Right, IP 或 IPR），指國家政府對人類智慧活動與具有財產價值之成果，賦予法律保護的權利，即人民之智慧產物之成果，可依法擁有其所帶來之利益的權利。智慧財產權包含如專利、營業祕密、財產權等。

2. 隱私權

此部分所說明之「隱私權」與PAPA之隱私權概念相近，指個人有權控制與自己有關之資訊的權利，根據個人的自主決定其資料該如何使用，哪些資料需進行保密？哪些允許公開，且不受他人或組織所窺視或侵犯？是隱私權保護制度所追求的目標。

3. 言論自由

言論自由係指不受他人檢查及限制個人的表意自由，特別用於不只是言語，亦包含透過不同的媒介（個人、電話、電視、廣播、報紙、雜誌、書籍、網路等）來搜尋、接受、傳遞訊息或想法的個人活動自由。

4. 主權

國家政府在合法範圍內訂定使用網路主權之規則，管理並規範人民使用網路行為的權利。

案例11-5　違反著作權相關案例

2001年4月11日，臺南地檢署接獲他人檢舉前往成功大學學生宿舍捉獲違反《著作權法》架設音樂分享網站的主事者共14名同學，同時查扣電腦與電腦電腦相關周邊設備。

經過半年的多方協調，在學生登報道歉後與財團法人國際唱片業交流基金會（簡稱IFPI）達成和解，於9月20日臺南地檢署發還查扣電腦。（中小學網路素養與認知）

你是否認同成大同學在未經唱片業者許可下架設網站，提供網友免費聽取音樂的行為？

1. 認同，資源應該共享。
2. 認同，避免組織壟斷產品市場，哄抬價格。
3. 不認同，因為這樣的行為違背個人道德及觸犯著作權法。
4. 不認同，因為自己喜歡的藝人沒有唱片銷售就不會有收入。

針對以上案例，可參考《中華民國著作權法》（2016）第八十八條之規定：因故意或過失不法侵害他人之著作財產權或製版權者，負損害賠償責任。數人共同不法侵害者，連帶負賠償責任。前項損害賠償，被害人得依下列規定擇一請求：

1. 依《民法》第二百十六條之規定請求。但被害人不能證明其損害時，得以其行使權利依通常情形可得預期之利益，減除被侵害後行使同一權利所得利益之差額，為其所受損害。

2. 請求侵害人因侵害行為所得之利益。但侵害人不能證明其成本或必要費用時，以其侵害行為所得之全部收入，為其所得利益。

依前項規定，如被害人不易證明其實際損害額，得請求法院依侵害情節，在新臺幣一萬元以上一百萬元以下酌定賠償額。如損害行為屬故意且情節重大者，賠償額得增至新臺幣五百萬元。

案例11-6　違反妨害名譽及信用罪相關案例

網路是個虛擬且極具隱匿性的世界，許多人以為可以暢所欲言，表達平常所不能表達之意見，瀏覽不同人對某件事的看法。但有部分的使用者透過網路的隱匿性發表一些逾越分際、甚至是不實、謾罵、攻擊他人的言論，其實這些都要負法律上的責任。（施威銘 2012）

你是否曾在網路上透過匿名的方式來謾罵別人，或發表假訊息來攻擊他人？

1. 有，我雖然知道這樣的行為有法律問題，但是我忍不下這口氣。
2. 有，因為匿名的關係，被害者不知道我是誰，所以我想怎麼說就怎麼說。
3. 沒有，因為這樣的行為不道德，且有危害他人名譽及個人信用破產之虞。
4. 沒有，我當作那個旁觀者，看別人在網路上進行筆戰。

以上案例可參考《中華民國刑法》第二十七章妨害名譽及信用罪

第309條　公然侮辱人者，處拘役或三百元以下罰金。以強暴犯前項之罪者，處一年以下有期徒刑、拘役或五百元以下罰金。

第310條　意圖散布於眾，而指摘或傳述足以毀損他人名譽之事者，為誹謗罪，處一年以下有期徒刑、拘役或五百元以下罰金。散布文字、圖畫犯前項之罪者，處二年以下有期徒

刑、拘役或一千元以下罰金。對於所誹謗之事，能證明其
為眞實者，不罰。但涉於私德而與公共利益無關者，不在
此限。

第311條　以善意發表言論，而有左列情形之一者，不罰：

　　　　　1.因自衛、自辯或保護合法之利益者。

　　　　　2.公務員因職務而報告者。

　　　　　3.對於可受公評之事，而為適當之評論者。

　　　　　4.對於中央及地方之會議或法院或公眾集會之記事，而為
　　　　　　適當之載述者。

第312條　對於已死之人公然侮辱者，處拘役或三百元以下罰金。
　　　　　對於已死之人犯誹謗罪者，處一年以下有期徒刑、拘役或
　　　　　一千元以下罰金。

第313條　散布流言或以詐術損害他人之信用者，處二年以下有期徒
　　　　　刑、拘役或科或併科一千元以下罰金。

第314條　本章之罪，須告訴乃論。

案例11-7　違反使用權相關案例

　　1998年，某大學工學院陳姓學生曾因設計名為「CIH」的電腦
病毒而招致社會輿論的譴責，這種病毒在當年造成全球6000萬臺
電腦受到破壞。當年他因為在被逮捕後無人起訴而免於法律制裁，
直到2001年有人以CIH受害者的身分起訴陳姓學生，才使他再次被
捕。按照臺灣當時的法律，他被判損毀罪，面臨最高3年以下的有
期徒刑。（維基百科）

**如果，某天你無意間發現自己創造出電腦病毒，是否會擔心這個電腦病毒為
他人帶來的影響，而選擇刪除並告知他人這個病毒的危險性？**

1. 會，一旦電腦病毒散播出去，將會導致無法計算的電腦受到損害。

2. 會，會告知其他人這個電腦病毒的危險性，但是我會保留這個病毒作紀念。

3. 不會，因為別人不知道我創造出這個病毒，所以我不說別人也不會知道。

4. 不會，別人的電腦損壞跟我無關。

以上案例可參考《中華民國刑法》第三十六章妨害電腦使用罪（2016）：

第358條　無故輸入他人帳號密碼、破解使用電腦之保護措施或利用電腦系統之漏洞，而入侵他人之電腦或其相關設備者，處三年以下有期徒刑、拘役或科或併科十萬元以下罰金。

第359條　無故取得、刪除或變更他人電腦或其相關設備之電磁紀錄，致生損害於公眾或他人者，處五年以下有期徒刑、拘役或科或併科二十萬元以下罰金。

第360條　無故以電腦程式或其他電磁方式干擾他人電腦或其相關設備，致生損害於公眾或他人者，處三年以下有期徒刑、拘役或科或併科十萬元以下罰金。

第361條　對於公務機關之電腦或其相關設備犯前三條之罪者，加重其刑至二分之一。

第362條　製作專供犯本章之罪之電腦程式，而供自己或他人犯本章之罪，致生損害於公眾或他人者，處五年以下有期徒刑、拘役或科或併科二十萬元以下罰金。

第363條　第三百五十八條至第三百六十條之罪，須告訴乃論。

第五節　資訊倫理議題如何產生

資訊倫理議題可謂資訊世代演進下所衍生出來的議題，並存在於圖11-3資訊生命週期中的每個環節，涵蓋資訊的獲得（Acquiring）、

處理（Processing）、儲存（Storing）、散播（Disseminating）及使用（Using）。

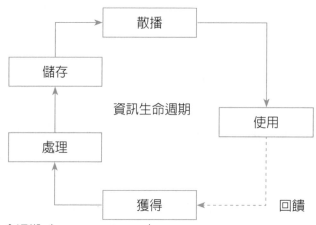

圖11-3　資訊生命週期（Mason et al. 1995）

　　資訊生命週期自獲得資訊開始，使用者可透過系統裝置將資訊進行處理，再根據使用者的偏好儲存及散播給他人，當他人取得這項資訊後會再次地使用它。因此，此項資訊得以展開另一個生命週期的循環，並可能伴隨回饋訊息，使下個使用者於獲取時得以了解該資訊之散播情形。

第六節　電腦倫理十誡

　　「電腦倫理」係指使用者操作個人或公用電腦時，應遵守之行為規範，倘若使用者不依循「電腦倫理」進行作業，除了導致電腦容易造成損壞外，更可能使電腦工具犯罪等不法事件時常發生，因此有心人士提出電腦十誡（CPSR 2011）作為使用者之道德倫理的參考。

　　1. 不可使用電腦傷害他人。

　　　（Thou shalt not use a computer to harm other people.）

　　2. 不可干擾他人在電腦上的工作。

　　　（Thou shalt not interfere with other people's computer work.）

3. 不可偷看他人的檔案。

（Thou shalt not snoop around in other people's computer files.）

4. 不可利用電腦偷竊財務。

（Thou shalt not use a computer to steal.）

5. 不可使用電腦造假。

（Thou shalt not use a computer to bear false witness.）

6. 不可拷貝或使用未付費的軟體。

（Thou shalt not copy or use proprietary software for which you have not paid.）

7. 未經授權或付費，不可使用他人的電腦資源。

（Thou shalt not use other people's computer resources without authorization or proper compensation.）

8. 不可侵占他人的智慧成果。

（Thou shalt not appropriate other people's intellectual output.）

9. 在設計程式之前，先衡量其對社會的影響。

（Thou shalt think about the social consequences of the program you are writing or the system you are designing.）

10. 使用電腦時必須表現出對他人的尊重與體諒。

（Thou shalt always use a computer in ways that ensure consideration and respect for your fellow humans.）

習題

1. 資訊倫理（Information Ethics）首先為Johnson（1985）所定義，其定義內容為何？

2. Mason所提出之資訊倫理範疇為哪四項權利？Lessig的資訊倫理架構由哪四項議題所構成？

3. 資訊生命週期主要由哪五個階段所組成？

4. 何謂資訊倫理的十誡？

問題討論

1. 除了內文所舉例之目前資訊倫理具有的新挑戰外，請動動腦思考還有哪些潛在挑戰是需要被關注的？
2. 某天你發現網路上有人被霸凌時，你會如何應對這個事件？
3. 線上學習與傳統學習的優缺點為何？你會比較傾向哪一個學習方式？為什麼？
4. 某天你發現身邊的同學在使用他人帳號進行個資探索時，是否有違反個人資料法之界線？你會有何作為？
5. 當大華在公司完成一件設計專案，理應將做完之綜整報告進行歸檔並置於公司內部系統，以供日後同仁參考。但因大華與上級主管間因私人因素產生嫌隙，而將檔案隨便置放，不依公司規定行事。如果你是大華的同事，會如何應對這樣的問題？

參考文獻

1. 維基百科，資訊技術。
2. Harold, J. Leavitt & Thomas, L. Whisle (1958), Management in the 1980's, Harvard Business Review.
3. Levitin, Daniel (2016)，《大腦超載時代的思考學》（黃珮玲，謝雯仔譯），八旗文化。
4. PTT鄉民百科，Mini158，http://zh.pttpedia.wikia.com。
5. 《個人資料保護法》（2015），全球法規資料庫，http://law.moj.gov.tw。
6. 痞客邦（2013），〈一個沉迷網路遊戲的男孩寫的文章〉，http://peck0188.pixnet.net/blog/post/12431740-一個沉迷網路遊戲的男孩寫的文章。

7. 詹惠雯、沈順治（2008），〈線上學習成效影響因素模式之探討〉，中國行政，1-21。

8. Carbo, Toni (1980), Drexel University College of Computing & Informatics, http://cci.drexel.edu/faculty/tcarbo/bio.asp.

9. 鄭人榮（2013），103-1教育主管推廣資訊倫理議題講義。

10. 維基百科，匹茲堡大學。

11. Mason, Richard O. (1986), Four Ethical Issues of the Information Age, MIS Quarterly, 10(1), 4-12.

12. 彰化縣地方稅務局（2012），違法查詢資料洩漏機密案政風室，http://163.23.68.130/htdocs/uploads/a31744b7-349c-11fc.pdf。

13. 維基百科，Lawrence Lessig。

14. 中小學網路素養與認知，網路法律，https://eteacher.edu.tw。

15. 《著作權法》（2016），全球法規資料庫，http://law.moj.gov.tw。

16. 施威銘（2012），《最新計算機概論2012》，標誌出版股份有限公司。

17. 維基百科，陳盈豪。

18. 《妨害電腦使用罪》（2016），全國法規資料庫，《中華民國刑法》，http://law.moj.gov.tw。

19. Parker, D.B. (1990), Ethical conflicts in computer science and technology, AFIP press.

20. CPSR (2011), The Ten Commandments of Computer Ethics, Computer Professionals for Socila Responsibility.

第十二章
與經濟發展相關之倫理議題

　　經濟繁榮是各國所追求的理想，但我們不能只看到表面的絢麗卻忽視可能造成的危害。經濟快速發展很可能是因為我們犧牲許多東西才換取來的成果，像是開發中的國家為了提升GDP，設置許多的工廠、排放大量的廢氣，如無良好的設施防止，會造成霾害日益嚴重，不只影響自己國民的健康，可能還使其他周遭國家的人民也受到霧霾的困擾，使每個人都生活在對自己健康有害的空氣中。雖然有了錢卻使人民的身體搞壞了，這真的是我們想要的嗎？這些都是值得我們去思考的，也是齊柏林先生在《看見台灣》影片中，所發出的提醒。

第一節　經濟發展定義與目的

　　根據國家教育研究院為經濟發展提出的解釋：經濟發展是一種過程，在這個過程中，一個國家每人實質所得呈現穩定增加，同時，低於絕對貧窮線（Absolute Poverty Line）的人口沒有增加，以及所得分配未變得較為不均等（Meier 1976）。根據此定義，經濟發展包括國民所得的增加，及社會福利的健全與所得分配均等內涵。高希均（1985）對經濟發展的釋義為：「一國經濟的真實國民所得長期增加的過程」。高希均認為這個定義，意涵如果經濟發展的速度超過人口增加率，那麼「每人真實所得」將會增加。上述定義中的三個名詞，「真實國民所得」、「長期」及「過程」，高希均的解釋是：

1. 「真實國民所得」實際上等於說：「經過物價指數調整過後的國民生產淨額。」

2. 所謂國民所得的「長期」增加，是指一個持續性的增加。短期的增加可能是適逢經濟循環中的繁榮時期，那麼這種偶合的增加就不是

持續性的。因此，「長期」則是指數年內國民所得持續的增加。

3. 所謂「過程」是賦予它一個躍進的、動態的觀念，進一步了解會左右這個過程的各種因素及其相互影響。

另有學者對經濟發展持較為狹義的看法，認為經濟發展是指經濟結構與生產方式的改變而言。這可以從一個國家的農業人口占勞動人口的百分比，都市化與工業化的程度、資本與勞動力的配合，以及人民生活方式與社會技術水準看出來。所謂生產結構的改變，是指這個國家第一級產業（First Industry）、第二級產業（Second Industry）及第三級產業（Third Industry）三類產業結構改變的過程。如果一個國家第一級產業的勞動人口占全部就業人口的比例在逐年減少，而第二、第三級產業勞動人口的比例在逐年增加，這表示這個國家的經濟在發展中。國家為什麼重視經濟發展，由於各國發展情況的互異而有所不同，不過歸納起來，可以得到下列四點共同的目的：

1. 掙脫貧窮的惡性循環，改善國民的生活水準。
2. 追求最大可能的經濟成長。
3. 奠定國家現代化的基礎。
4. 提高國民的生活素質（Quality of Life）。

總結來說，經濟發展的最終目的，是為了提高國民的生活水準，改善人民的生活品質，使國家邁向一個富裕的社會。

各個國家都在追求經濟的繁榮，而經濟快速發展是從什麼時候開始的呢？我們可以從圖12-1看出，在1800年代，也就是19世紀工業革命發生的時代，在機械取代人力後，各國GDP都有明顯的增長，因此我們能說工業革命是經濟快速發展的推手。

經濟的產業分成三個類別，分別是一級產業也就是農業、漁業或是畜牧業類等。二級產業則是製造業，其中可以細分為製造業、水電業、採礦業等。三級產業則為服務業，其中包含著金融業、運輸業、房地產業等。一級產業為國家發展的基礎，只有發展一級產業，才能提供二級產業與三級產業所需要的原物料，因此一個經濟繁榮的國家必定有良好的農業基礎

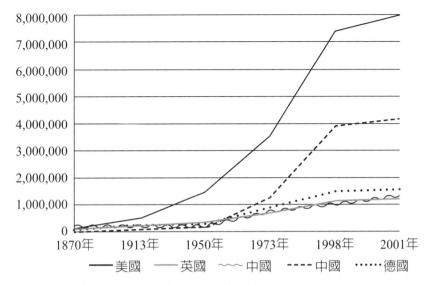

圖12-1　歷史各區域人均GDP（單位：百萬美元）（維基百科）

存在。二級產業則將一級產業獲得的原物料經過加工，製造出來銷售給顧客，在生產的過程中，很有可能會產生事業廢棄物，對生態環境造成影響，本書在後面的章節將作詳細的探討。三級產業則是不靠生產產品賺錢的產業，它是靠人們的知識、勞動力等，為消費者提供服務來獲取金錢。若要看一個國家的發產程度如何，可以藉由國家中三級產業所占的比重為何來做分類。一般而言，已開發國家中三級產業所占的比例大約是70%，而開發中國家則是55%-65%，如圖12-2所示。

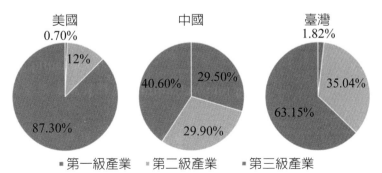

圖12-2　2015年各國產業發展比例（維基百科）

第二節 工業革命

　　工業革命在現今經濟蓬勃發展的情況下，扮演著一個重要的角色，如果沒有工業革命的產生，資本主義的概念很可能不會那麼快產生，經濟的發展就會受到阻礙。也就是因為有工業革命的發生，才使當時經濟快速的發展，奠定未來經濟繁榮的基礎。

　　工業革命發生在18世紀60年代，由於科學的進步，蒸汽機被發明並取代人力，當成動力的來源，造成了資本主義的興起，工廠取代手工生產，生產力大幅提升，產業結構也因此發生重大變化。經濟快速發展的情況下，將人民的生活水平提升到一個更好的水準。

　　工業革命對19世紀科學發展及社會變遷產生了極為重要的影響，並且促進科學的發展與普及化。由於農業技術的改良導致鄉村許多剩餘的人口大舉移入都市，當時歐洲主導資本主義經濟的世界大規模貿易，使得城市和工廠能夠吸收這些大量人口，因此造成了都市化的現象及都會區的出現。工業化後出現了現代化的交通工具，使人們旅行更加便利，讓民眾能增廣見聞。在商品經濟下利己的生活習慣中，人們的思想發生了許多改變，更多人追求個人的幸福，而非來世的幸福或集體的利益。也因為自由經濟主義的興起，大規模的自由貿易導致新富階層的出現，再加上人們思想上的變化，進而使中產階級對民主政治的參與感到興趣，導致歐洲各國選舉與被選舉權，不斷擴及到社會上更多的人群中。由於大量工廠的成立，工人悲慘的生活及工作環境也逐漸為人重視，許多的慈善機構於是成立，主張以社會福利制度改善窮人生活，也免費提供糧食及住所。

　　由於資本主義的週期性經濟危機，且當時政府沒有提供任何保障，使許多工人因經濟危機而失業的情況下，過著食不果腹的生活。在正常的經濟環境裡，生產環境十分惡劣，收入也很微薄，而有限的社會福利並沒有多大程度上改善工人的生活狀況，因此導致勞資雙方，也就是所謂資產階級與工人階級的對立。在1811年，一個名叫盧德的英國工人搗毀機器，從而引發了反對機械化的盧德運動。馬克思為首的左派學說正是在這樣的環

境下產生，衍生出了共產主義的思想，對日後的人類社會影響甚鉅，有正面也有負面。不過也由於工業革命，才可能產生大量的工人，而農業社會中則不會出現這種情況。工人階級在歐洲一些國家如英國，通過與資方有限的鬥爭以及恰當的妥協，為自己爭取到更多的利益，改善自己的生活環境，也因此推動了民主思潮，讓後來的歐洲社會穩定進步。

第三節　環境改變

近年來，所有國家的農業在國內生產比例正在逐年下降。根據世界銀行組織（2014）的資料指出，從2000年到2012年，全球下降了20%，即使在低收入國家也降了6%，因為大多數的經濟體正逐漸轉向工業和服務業。

在20世紀初，地球森林面積約50億公頃，但是到了21世紀，已經剩下40億公頃，尤其是發展中國家減少更多。拉丁美洲和加勒比地區占了地球森林資源的四分之一，然而這十幾年間，已經損失了9900萬公頃，大約是全球11%的森林面積。為了保護自然資源，自1990年以來，高發展國家指定保護區來保護珍貴棲息地以及居住在那裡的植物和動物，到2012年為止，有超過14%陸地面積及其海洋得到了國家的保護。

經濟快速的增長常常伴隨著能源大量的使用，而高收入的經濟體國家大約占了世界人口的16%（國際貨幣經濟組織 2015），但是他們所使用的能源卻占了世界生產能源的一半，比中等收入經濟體國家多了四倍，而比低等收入經濟體國家多達14倍。但是中低收入經濟體在1990-2011年間，能源消耗率也增加了將近一倍，因為高收入國家的消費力增加了16%，使他們的產量增加了21%，在這20年間，全球的能源平均增長率為2%，發展中國家占了3.6%，而高收入國家則占了0.9%。

在經濟發展過程中，因為在生產時會消耗能源，難免會有二氧化碳氣體的排出，當空氣中的二氧化碳氣體過多時，就會使溫室效應現象變得更加明顯。如圖12-3所示，在工業革命後CO_2的濃度急遽上升，也造成全球

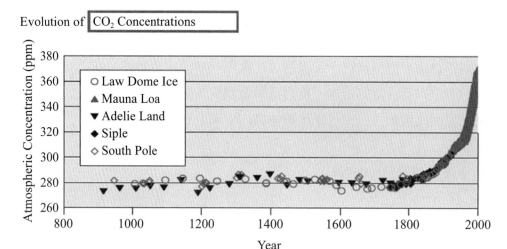

Evolution of CO$_2$ Concentrations

圖12-3　百年來二氧化碳排放量（IPCC 2001）

氣溫的上升，如圖12-4所示。溫室效應是指太陽輻射照射到地球後，有一部分被地球表面吸收，另一部分則被反射回到大氣層中。被反射回去的太陽輻射如果被大氣層中的溫室氣體吸收的話，太陽的輻射熱就會被留在大氣層，使得大氣層變暖和。近年來CO$_2$的增加，造成溫室效應增強，使得南北極的冰塊融化，海平面上升，部分沿海的都市以及城鎮很有可能會被海水所淹沒，這些都是我們不可忽視的部分。

　　根據國際能源總署IEA/OECD於2016年出版的能源使用二氧化碳排放資料顯示，臺灣在2014年的碳排放量為249.66百萬公噸，占了全球碳排放量32,190百萬公噸的0.77%，全球排名為第21名。而平均個人排放量為10.68公噸，全球排名的19名，碳排放密集度則為0.27公斤CO$_2$／美元，全球排行45名，如表12-1所示，與我國產業結構相似之國家，如韓國與中國，皆有相近的排放量。然而在平均個人排放量上，看的出來美國仍值得努力改善。

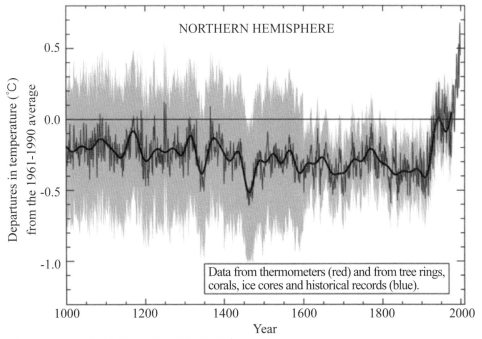

NORTHERN HEMISPHERE

Data from thermometers (red) and from tree rings, corals, ice cores and historical records (blue).

圖12-4　近百年來全球氣溫（IPCC 2001）

表12-1　各國二氧化碳排放比較（國際能源總署2016）

	臺灣	排名	全球	OECD	日本	韓國	美國	中國大陸
排放量 （百萬公噸CO_2）	249.66	21	32,190	11,856	1,189	568	5,176	9,087
人口（百萬人）	23.38	51	7,249	1,267	127	50	319	1,364
每人平均排放 （公噸CO_2／人）	10.68	19	4.52	9.36	9.35	11.26	16.22	6.66
排放密集度 （公斤CO_2／美金）	0.27	45	0.32	0.25	0.27	0.33	0.32	0.54

第四節　經濟發展帶來之問題

　　臺灣至民國104年為止已登記的工廠數量有83,532家（經濟部工業局，2016），大約每平方公里就有2到3家的工廠設立。工廠在運作中所排放的廢水、廢氣或是噪音等，都會造成人們的危害，影響民眾的生活品質。以下將對經濟快速發展而造成的事件進行討論。

圖12-5　在橋頭國小許厝分校中很清楚看見六輕排放廢氣（王建棟 2016）

　　雲林麥寮的台塑六輕廠（圖12-6）雖然為雲林帶來了6千多億的投資，卻也對當地環境造成損害。在六輕長期排放廢棄物的情況下，附近鄉鎮的土壤以及地下水已經變得不堪使用，平常只要一下雨，就很有可能與空氣中的化學元素結合形成酸雨，造成當地的農作物損毀。位於台塑六輕廠九百公尺以外的橋頭國小許厝分校，在這三年之間已經遷校了四次，家長與孩童為此事飽受困擾。而背後的事情並不是只有遷校而已，一旦政府機關證明六輕會使附近居民有致癌的危險，社會必定會掀起更大的輿論壓

圖12-6　台塑六輕廠（台塑石化官網）

力反對六輕，讓年產值1.5兆的六輕廠面臨危機。

　　附近的居民因為長期生活在這種環境中，導致癌症發生率大幅提高，雖然台塑為此已經多次的澄清，強調經過環保局多次稽查採樣皆符合標準。但經由這幾年來收集的資料顯示，在六輕來之後，罹癌的居民人數有明顯的增加，由此可見，六輕與罹癌的原因有著不可抹滅的關係。

　　此外，經濟快速的發展，導致公司競爭激烈，公司為了趕上交貨期限，就會要求員工加班以應付訂單，使員工工作時數增加。當員工上班時間過長，若是平常沒有重視身體健康，很有可能導致頭痛、胸悶、食慾不振、記憶力衰退、注意力不集中等過勞問題。2017年年初的蝶戀花遊覽車翻覆事件，就是遊覽車駕駛超時工作，導致司機精神不濟，釀成33死的車禍，而這是可以避免的事情，只要讓員工正常的上下班，有充分的休息時間，就能夠防止這些意外發生。人才是產業最重要的資產，務必要關心勞工的勞動權益，使員工得到充分的休息，才有力氣為事業打拚。

第五節　產業結構優化

　　為了因應國際經濟的潮流與臺灣產業結構的變化，經濟部工業局（2016）為臺灣未來的走向訂定了百億「五加二」旗艦方案，希望能強

化我國產業競爭力，重振臺灣的經濟發展。「五加二」產業指的是：亞洲矽谷、生技醫療、綠能科技、智慧機械、國防航太以及新農業和循環經濟，以下將分別敘述其內容（張建一 2016）：

一、亞洲矽谷

目的在成為位於亞洲的美國矽谷，但不是只複製美國矽谷的模式，而是強化臺灣與其他高度創新國家的連結，並透過工業4.0與大數據，打造一個創新創業的生態系，吸引國際人才來臺創業，提升國內人才競爭力，再以物聯網作基礎，發展智慧物流、自動駕駛汽車、健康照顧、智慧家庭與智慧城市等。

二、智慧機械

臺灣雖然為世界前幾大工具機出口國，但是我國機械工廠一般規模較小，如果要進軍國際市場，除了設點不易外，基金也是很大的問題。因此政府將利用政府資源，藉由專案計畫，協助我國的廠商拓展至海外，爭取國際訂單。並在臺中成立常態性編組，帶動臺中成為研發與製造智慧機械之都。在教育人才上，將建立航太與汽車產業精實管理供應鏈體系，建立精實生產體系，同時整合政府資源、落實產學合作，進行人才培育。

三、生技醫藥

臺灣人口老化速度為全球之冠，生技醫藥產業可針對高血壓、心臟病、關節炎等老年疾病開發新藥。時下青年因為每天的油炸食物與隨處可見的手搖杯而為肥胖受苦，或是之前流行的SARS與H1N1等病毒，都可藉由生技研發新藥，維護人民的健康。

四、綠能

政府計畫在2025年前以綠色能源取代核能，達到非核家園的目標，而綠色能源的來源主要是從太陽能發電以及風力發電等，並且預計在臺南

沙崙創立綠能科技園區，將針對節能、創能、儲能、智慧系統四大主軸以科技研發、技術應用、產業培育為核心，加強產業群聚，促進科技研發與國際連結，打造臺灣成為綠色能源及科技「研發」與「產業」重鎮。

五、國防產業

推動國防產業是為了要提升我國國防的自主能力，不用一直向美國購買新武器，也可藉由製造國防武器，帶動產業發展、增加就業機會。未來也將引進技術與人才，以航太、潛艦國造、資訊安全等項目，提升我國軍事能力。

六、循環經濟

近年來全球經濟快速發展，導致資源消耗的速度也越來越快，如果再繼續這樣下去，總有一天地球上的資源將被消耗殆盡，因此我們提倡循環經濟之概念，以消除廢棄物並將它變成資源來利用，借此降低對環境的衝擊。目前政府推動五大產業，並將研發綠色創新化學材料，提供作為其使用之關鍵材料，透過以創新、就業為核心的經濟發展模式，帶動產業競爭力。而在推動過程中將導入循環經濟之概念，符合產業永續發展、資源再生利用之目標，達到兼顧環境保護及經濟發展的雙贏目標。

七、新農業

新農業的重點方向包括了完善水利設施、智慧農業，與成立臺灣農業國際開發公司。完善水利設施方面主要是興建或整修農田的水利設施，提升農業用水的穩定性。智慧農業則是透過衛星、航照等技術，製作包含土壤、水資源、農業生產及森林生態等資訊，結合地籍及農民資訊，串聯人、地、水及產物關係。透過以上資料可以建置巨資資料庫及農業地理圖資應用中心，發展農業生產分析模型，支援糧食安全整體規劃、調節產銷穩定民生農產品物價、防治掌握管理農業疫情、農業災損補助檢討修訂、生態保育教育推廣，及森林生態系經營最適規劃等應用。最後臺灣將成立

「臺灣農業國際開發公司」，結合小農以契約耕作的方式，選擇具有國際競爭力的農產品進行耕種，將臺灣特色的農產品行銷國際。

第六節　案例探討

案例12-1　亞洲水泥

　　拍攝《看見台灣》的導演齊柏林日前不幸墜機罹難，引起許多人的哀思與悼念。他生前拍下一張亞泥太魯閣採礦場的全景，並不禁為與五年前他拍攝《看見臺灣》時相比，採礦場挖得更深而發出嘆息。這引起民眾又重新關注亞泥開挖礦場的正當性，而礦務局長也因輿論的壓力而下臺。在短短幾天內，「撤銷亞泥非法展延」的提案，竟然匯集13萬人的聯署。

　　早在1973年，亞洲水泥就在花蓮秀林鄉展開他們的水泥事業，當時所取得的採礦權限是到2017年11月為止。就在立法院正要開始針對《礦業法》修法時，亞泥卻提前在2016年11月申請展延採礦權，而經濟部竟也全力配合，只花3個半月就火速通過亞泥的採礦權限審理，批准其展延權限可至2037年。亞泥新城山礦場原面積442公頃中，有185公頃核定為礦業用地，不僅涵蓋脆弱的環境敏感區域，與有土石流危險的溪流地帶，同時也坐落在原住民保留地。根據《原基法》第21條規定，若要在原住民族土地或部落周邊開發土地，需先取得原住民部落之同意方可施行。然而這次亞泥的採礦權限展延申請，卻被政務委員在會議中裁決為不需遵照《原基法》之規定，因為亞泥的審核狀況是申請展延，而非申請礦場面積擴大，所以不需遵守《原基法》。

　　此外還有一個被稱為霸王條款的《礦業法》第47條，聲稱即便業主未能取得原地主的同意開採，只要願意撥出補償金給地主，就能強行開挖，亞泥即藉此合法地取得太魯閣族人的土地。

雖然亞泥官方發表聲明，強調他們在五年之間已復育礦山裸露面積，從26.5公頃減縮至22公頃，而礦務局局長朱民昭也為亞泥的聲明背書，確認亞泥礦場的採礦面積並未被擴增。問題是正如立委林淑芬所質疑的，採礦面積雖未擴大，但採挖的深度卻不斷加增，以致總體積增加所造成的環境傷害又如何衡量呢？（參考資料：劉筱妍 2017）

如果你是礦業局長，該如何處理亞泥案呢？

1. 檢視《礦業法》，雙方權益是否平衡？
2. 依照目前的法律繼續開採。
3. 進行環境評估，提高環評標準保護自然生態。

討論

　　亞泥案例凸顯了部分政府官員對自然生態保護的漠視，與對原住民環境權及其生命安全長期的忽視，導致快速讓亞泥展延過關，造成抗爭不斷。經濟部長李世光與六位立委於2017年4月6日前往亞泥花蓮廠與礦區現勘，廠內外立場對峙，一邊是要捍衛工作權的員工，一邊是要爭取環境權的當地居民。多年來，居民的環境權與員工的工作權常常會因此造成對立，部落也是如此。

　　亞泥礦區展延引發的爭議，凸顯了《礦業法》許多的不合理。如今反彈力道強大，是該從頭檢討，讓礦業政策有個可以理性辯論的空間，在更好的規範與制度下，引導產業提升與轉型，也讓原住民的權利得到該有的尊重。（張岱屏 2017）

習題

1. 資主本義的發展下，為人類的經濟帶來什麼變革？
2. 何為經濟發展？

3. 產業分成哪三級？

4. 已開發國家的定義為何？請舉出3個目前世界上已開發國家及發展中國家。

問題討論

1. 臺灣經濟發展所帶來的好處為何？（道德效益論？道德義務論？）
2. 臺灣經濟發展所帶來之壞處為何？（道德效益論？道德義務論？）
3. 如何降低壞處提升好處？（道德效益論？道德義務論？）
4. 你未來之工作會是在哪一個產業？與上述之討論有無關聯性？
5. 近年來臺灣工廠大量外移，如果你為國家決策者，是否有什麼好的方案吸引臺商回流？（舉例：稅務減免、國家科學園區補貼金）
6. 雲林縣麥寮鄉六輕工業區台塑廠所造成之環境汙染，如果你為當地居民，會期盼企業能有什麼樣的改變？
7. 在環境保護與經濟發展的矛盾情況下，你會如何做取捨？

參考文獻

1. Meier, Gerald M., (1976), Leading Issues in Economic Development, Oxford University Press.
2. 高希均、林祖嘉（1997），《經濟學的世界（上）：經濟觀念與現實問題》，天下文化。
3. 維基百科，歷史各區域人均GPD。
4. 世界銀行組織（2014），World Development Indicators，The World Bank。
5. International Monrtary Fund (2015), IMF GDP data, International Monrtary Fund.
6. IPCC (2001), https://www.ipcc.ch.
7. 國際能源總署IEA/OECD（2016），二氧化碳排放量，International

Energy Agency。

8. 行政院環保署（2017），溫室氣體排放統計，http://www.epa.gov.tw。

9. 行政院主計處（2017），GDP依行業分，行政院主計處─政府資料開
平臺。

10. 中華民國財政部貿易統計資料（2016），我國與韓國、新加坡、香
港、中國大陸出進口成長率，Global Trade Information Services中華民
國財政部貿易統計資料。

11. 經濟部工業局（2016），歷年營運中工廠家數，經濟部工業局。

12. 王建棟（2016），〈圖片故事／上學好難許厝小學流浪記〉，《天下
雜誌》。

13. 台塑石化股份有限公司，《關於六輕》，台塑石化股份有限公司。

14. 經濟部工業局（1991），經濟部2020產業發展策略，經濟部工業局。

15. 劉筱妍（2017），〈審3.5個月再挖20年？亞泥案懶人包〉，《壹週
刊》。

16. 張岱屏（2017），《我們的島，太魯閣之怒》，公共電視。

17. 張建一（2016），五加二產業內涵與建議，中華民國全國工業總會。

第十三章
與生產發展相關之倫理議題

第一節　生產發展的目的

　　卡爾馬克思（Karl Marx）提出的經濟學理論（馬克思主義）中提及「沒有生產就沒有消費，但是沒有消費也就沒有生產，因為這樣生產就沒有目的。」因此生產最主要的目的源自消費。而生產的目的可以針對三個對象進行探討：

1. 對消費者而言，公司提供消費者所需之產品，提升生活水準，促進社會進步。而消費者所期待的產品可以列出以下六點 (Askin and Standridge 1993)：
   (1)外觀宜人（Aesthetically Pleasing）
   (2)功能所需（Functionally Desirable）
   (3)環境安全（Environmentally Safe）
   (4)高品質（Top-Quality）
   (5)很耐用（Highly Reliable）
   (6)負擔得起（Economically Affordable）
2. 對員工而言，公司提供工作機會使其能養家活口（產生消費），最終促進社會安定。
3. 對公司自己而言，公司賣產品獲利，老闆自我實現達成。

第二節　不同利害關係人衝突

　　工廠在生產的過程中，或許會跟消費者、員工、社會大眾及環境產生

衝突，當衝突產生時要如何解決或者將衝突降至最低是一重要課題。

一、當生產者與消費者產生衝突時

　　所生產之產品本身就會危害消費者健康或安全（菸、酒、武器、化學品等）時，如菸和酒提出警語及課稅；標示產品組成、熱量、製造日期及地點。

二、當生產者與員工產生衝突時

1. 工作環境有危害員工健康或安全（有害氣體、噪音等），可以將會產生有害氣體或噪音的區域隔離，及發放專業口罩或耳塞。
2. 工作時間有危害員工健康或安全（過勞死、血汗工廠），採用輪班制及遵守《勞基法》的規範。
3. 薪資過低——政府近年來規範最低工資，要求有適當工時等措施。
4. 同工不同酬——有些公司會因為男女性別或畢業學校的不同，所給予的薪資也不同，是值得討論的議題。

三、當生產者與社會大眾或環境產生衝突時

1. 工廠運作時有危害附近居民健康或安全的可能性，首先將危害發生的可能性降至最低，再來告知並且發放補貼給附近居民。
2. 生產產品時可能危害附近居民健康或安全（廢水、廢氣等），可以增設過濾廢水、廢氣的設備。

第三節　綠色工廠

　　近年來各國都在推動綠色工廠，以確定有良好的生產環境。我國推動的方式如下所述：
　　廠商若要取得綠色工廠標章，首先要取得工廠管理輔導法工廠登記或

臨時工廠登記證明文件，且申請目前一年內未曾發生重大職災及受到各級環境保護機關按日連續處罰、停工、停業、勒令歇業、撤銷許可證或移送行政刑罰等處分，及取得綠建築標章有效期尚餘六個月以上，才能向經濟部工業局申請清潔生產評估系統符合性判定，通過即可申請綠色工廠標章。未取得綠建築標章的廠商，可先向經濟部工業局申請清潔生產評估系統符合性判定，通過亦可取得清潔生產合格證書，且於取得綠建築標章和前兩項皆符合規定後，再向該局申請綠色工廠標章。

　　綠色工廠有兩大評估的面向，一個是硬體方面的綠建築評估系統，另一個是軟體方面的清潔生產評估系統。在綠建築評估系統裡，主要針對生態、節能、減廢、建康、減碳效益及創新進行評估。在清潔生產評估系統內，針對能節約資源、綠色製程、汙染物產生及管末處理能力、環境友善設計、綠色管理、社會責任、創新思維及其他進行評分，如圖13-1所示。

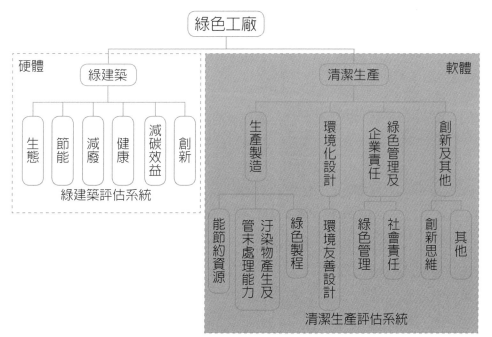

圖13-1　綠色工廠評估面向（經濟部工業局）

在清潔生產評估系統還區分了一般行業清潔生產評估系統及特定行業清潔生產評估系統。特定行業有半導體業（IC製造）、平面顯示器面板業、印刷電路板業（PCB製造）及光電半導體業（磊晶／晶粒製造），因為評估的項目大同小異，在此僅介紹一般行業清潔生產評估系統指標項目，如表13-1所示。且需符合以下四點條件才可通過一般行業清潔生產評估系統：

1. 「事業廢棄物妥善處理」、「管末處理設備能力及設備異常處理機制」、「危害物質管制措施」、「員工作業環境」等四項核心指標之得分均不得低於其配分之百分之五十。
2. 核心指標得零分者不得超過三項。
3. 核心指標得分取得四十五分以上。
4. 總得分取得七十五分以上。

截至106年五月底，臺灣有44家工廠取得綠色標章，以及96家工廠通過清潔生產評估系統符合性判定。距離理想仍有很長的路要走，是未來臺灣進行產業升級的同時要努力的一大方向。

表13-1 一般行業清潔生產評估系統指標項目（經濟部工業局）

一般行業清潔生產評估系統指標項目			配分	類型
生產製造	1.能節約資源	*1-1 原物料使用量	2	必要性指標
		1-2 再生原料使用率	2	
		*1-3 能源消耗量	3	
		1-4 能源回收率	2	
		*1-5 水資源耗用量	2	
		1-6 廢水回收率	2	
		*1-7 事業廢棄物產生量	2	
		1-8 事業廢棄物回收再利用率	2	
		*1-9 溫室氣體排放量	3	
	2.綠色製造	2-1 廠房流程管理有效益	6	

一般行業清潔生產評估系統指標項目			配分	類型
	3.汙染物產生及 管末處理能力	*2-2　採用清潔生產製程技術	8	
		*3-1　事業廢棄物妥善處理	3	
		*3-2　管末處理設備能力及設備異常處理機制	3	
	4.環境友善設計	*4-1　採用物質節約設計	4	
		*4-2　採用節能設計	6	
		4-3　採用零件易拆解設計	3	
		4-4　採用廢棄物減量設計	4	
		4-5　採用可回收再利用設計	4	
絕色管理與社會責任	5.綠色管理	*5-1　危害物質管制措施	8	
		5-2　通過國際管理系統認證	4	
		*5-3　自願性溫室氣體制度導入	6	
		*5-4　與利害關係人溝通	3	
		*5-5　綠色供應鏈管理	4	
		5-6　綠色採購管理	3	
	6.社會責任	*6-1　員工作業環境	4	
		*6-2　永續資訊之建置與揭露	4	
		6-3　綠色經驗成果分享與促進	3	
創新及其他	7.創新思維	7-1　去物質化創新作法	2	選擇性指標（加分項目）
		7-2　去毒化創新作法	2	
		7-3　去碳化創新作法	2	
		7-4　其他促進環境水績創新作法	2	
	8.其他 （最多兩項）	自行舉例	1	
		自行舉例	1	

注：*為核心指標

在1970年代，福特的Pinto小車頗受歡迎，然而它有一致命的設計缺陷，即它的油箱位於車後方，只要後方遭受撞擊，很容易就引發爆炸，造成傷亡事件。在法院審理受害者的意外事故中，竟然發現福特早就已發現這個設計缺陷的問題，並為召回修復與賠償傷害的利弊得失間做過損益分析。

他們精算出為增進Pinto安全所安裝的每個零件成本需花費11美金，而共有1,250萬臺車，也就是改善安全所需要花費的總金額為13,750萬美金。另方面福特也算出，若不加裝安全零件，任憑事故發生，估算約會有180位死於非命，需賠償每位死者20萬美金，另約會有180位受傷，需賠償每位傷者6.7萬美金，以及因沒有加裝安全設施而撞毀的車輛約會有2,000臺，每臺賠償金約為700美金，合計總共賠償費用約為4,950萬美金。

相較改善安全所需要花費的13,750萬美金，不加裝安全零件還可省下8,800萬美金，因此他們最後決定為公司的最大利益著想，放棄安裝安全裝置。（參考資料：桑德爾2011）

問題探討

1. 如果你是福特汽車的主管，你會怎麼做？

    ⑴與當時的主管一樣處理，讓公司獲得較大之利益。

    ⑵立刻召回所有的Pinto車，安裝這個安全裝置。

    ⑶立刻告知所有的Pinto車主，駕駛要小心。

    ⑷立刻解僱Pinto車之設計經理。

2. 另外在公司內部計算的損益分析裡有沒有問題？

案例13-2　印度博帕爾（Bhopal）事件

　　1984年12月3日凌晨，設於博帕爾貧民區附近一所農藥廠發生氰化物洩漏事件，這間農藥廠隸屬於印度中央邦的博帕爾市美國聯合碳化物（Union Carbide）屬下的聯合碳化物（印度）有限公司（UCIL）。根據官方統計，瞬間死亡人數為2,259人，當地政府確認因氰化物洩漏致死的有3,787人，後來陸續因此洩漏事件喪命的人數增為16,000人。總共造成558,125人受傷，包括38,478人暫時局部殘疾，以及大約3,900人嚴重和永久殘疾。

　　由於這件慘重的工業災難事件，國際化學集團開始轉變不與社區溝通說明的態度，同時也加強注重安全防備措施。但也因此事件，許多環保人士及民眾都群起反對化工廠設置在家園附近，而每次新的化工廠設立，往往都會引發居民圍堵抗爭。

　　美國聯合碳化物集團經過在美國和印度多番訴訟，因這次慘劇要向印度政府賠償4.7億美元，並要出售該集團持有的聯合碳化物（印度）有限公司50%股權，用以興建治療受影響居民的醫院和研究中心。不久，美國聯合碳化物集團被人狙擊，雖然狙擊失敗，但董事局仍將美國聯合碳化物分拆成若干公司，包括永備電池集團（Energizer）。而美國聯合碳化物集團在2001年2月，成為美國陶氏化工（Dow）集團的全資附屬公司。該事件被認為史上最嚴重的工業災難之一。

　　經過多次在美國和印度的訴訟，美國聯合碳化物集團因這次慘劇要賠償印度政府4.7億美元，並需售出該公司50%股權，用來興建治療受傷民眾的醫院和醫療研究中心。此慘劇發生後不久，美國聯合碳化物集團遭受到槍擊事件，幸好無人傷亡，但已使員工人心惶惶。後來整個集團被拆為好幾個不同的公司，其中包括永備電池集團。（參考資料：維基百科）

1. 如何避免此類似事件的發生？
2. 如何防範先進國家進入較落後國家設廠發生的悲劇或不道德的事件？

案例13-3　臺灣高科技廢棄物地圖事件

紐約時報在2013年11月30日報導臺灣廢棄物再生利用的傳奇，盛讚臺灣回收工廠廢棄物，竟然可達八成再生效益。豈不知事實上卻是一場騙術高明的「假再生、眞棄置」的荒唐鬧劇。處理廢棄物的業者作假帳、假製程矇騙，或行賄相關審核人員，便能將丟棄的10萬噸的汙泥，在帳面上被計爲已回收製成紅磚或混凝土材。

臺灣具有世界級水準的科技產業將廢棄物委託清淨國際、欣瀛等業者處理，不料他們卻將廢棄物任意丟棄，丟棄的地點遍及臺灣各地，將汙染物到處散播。他們特別喜好將廢棄物丟棄至河川旁盜採砂石後所留下的坑洞，希望暴雨帶來大水能沖刷掉他們的犯罪痕跡，完全不顧所倒的廢溶劑、強酸、強鹼等汙染物會將魚蝦都毒死，且有可能影響民生用水的水源，嚴重危害環境。

經濟部工業局永續發展組科長顏鳳旗認爲，科技大廠本身應該也要負起督導廢棄物處置的責任，不能任憑所委託的廠商昧著良心做事。同時最好能主動協同廢棄物處理產業，一起研發新技術，使廢棄物能眞正有效的再被利用，而廢棄物處理產業也能穩健的朝正向成長。

目前臺灣唯一具有世界級水準的廢棄物處理廠商是位於高雄岡山的美商世界資源亞太公司（WRCP），也是臺灣最大的重金屬汙泥回收處理廠。來自臺灣各大半導體封裝廠、印刷電路板廠的卡車不斷運送廢棄物進來，小推土機忙著鏟起一堆堆乾燥的汙泥，空氣中粉塵瀰漫，工作人員都戴著防塵面具。雖然如此，與工作現場只隔一道門的員工餐廳，裡頭卻是窗明几淨，聞不到一絲異味，他們

是如何做到的呢？原來他們維持清淨空氣的祕密裝置就藏在餐廳和辦公室空調的「正壓設計」，可穩定維持室內的氣壓比外面高，如此外面的粉塵和異味就無法飄入，以維護室內員工的健康和工作品質。

世界資源亞太公司的臺灣廠主要負責將不同來源的汙泥烘乾、研磨，混合均勻後，直接倒入密封貨櫃裡運送至美國，再由當地世界級的大型冶煉廠，以一千五百度的高溫熔煉出銅、鉻及金、銀等貴金屬。這也就是現今美日最火紅的「都市礦」概念，將工業廢棄物經過高科技處理後，轉身變成可再利用的「人造礦砂」。

（參考資料：呂國禎、陳良榕 2015）

問題探討

1. 在臺灣高科技廢棄物地圖事件案例中，如果你是總經理，你是否會提供良好的工作環境給你的員工？

2. 何以大部分的公司都不容易做到像世界資源亞太公司所做的事？

第四節　第四次工業革命

工業4.0的概念最早出現在2011年漢諾威工業博覽會，德國人工智慧研究中心董事兼行政總裁沃爾夫岡‧瓦爾斯特爾教授在開幕式中提到，要通過物聯網（Internet of Things, IOT）等媒介來推動第四次工業革命，提高製造業水準。在德國政府推出的《高技術戰略2020》中，工業4.0作為十大未來項目之一，聯盟政府投入2億歐元，其目的在於奠定德國在關鍵技術上的國際領先地位，確保德國作為技術經濟強國的核心競爭力。

德國「工業4.0工作組」2013年4月發布的最終報告《保障德國製造業的未來：關於實施工業4.0戰略的建議》中認為：在製造業領域，技術的突破和發展將工業革命分為四個階段。前三次工業革命分別是機械化、電力和資訊技術的結果；18世紀末，第一次工業革命始於第一臺機械生產

設備的誕生；20世紀初，電力的應用，基於分工的大批量產迎來了第二次工業革命；20世紀70年代，第三次工業革命伴隨著智慧聯網、自動生產系統孕育而生。目前物聯網和製造業服務化宣告著第四次工業革命工業4.0的到來，如圖13-2所示。

工業4.0是以智慧製造為主導的第四次工業革命，描述了由集中式控制向分散式增強型控制的基本模式轉變，目標是建立一個高度靈活的個性化和數字化的產品與服務的生產模式。工業4.0旨在通過充分利用資訊通信技術和網路空間虛擬系統一虛實系統（Cyber-Physical System, CPS）相結合的手段，將製造業向智慧化轉型。當前全球工業市場正面臨著巨大的變革：更新週期縮短、差異不斷變大、產品個性化突出，工業4.0構建的兼具個性化和數字化的產品與服務生產模式，突破了傳統的行業界限，催生出新的活動領域和合作形式，創造新的價值網路，重組產業鏈分工。

從內容來看，工業4.0項目主要面向兩大主題，一是「智慧工廠」，重點研究智慧化生產系統及過程，以及網路化分布式生產設施的實現；二是「智慧生產」，主要涉及整個企業的生產物流管理、人機互動，以及3D技術在工業生產過程中的應用。工業4.0和智慧工廠是物聯網和網際網路服務的一部分，工業4.0的框架內沒有涉及到新技術的引進，而是強調通過網路與資訊物理系統的融合來改變當前的工業生產與服務模式。物聯網、服務網、數據網將取代傳統封閉性的製造系統，成為工業4.0和智慧工廠的基礎。

前幾次的工業革命加速了倫理議題的嚴重性，而一次比一次的生產量與產品類別增多，造成環境的破壞與貧富落差加鉅。在這第四次工業革命裡，人們使用了智慧工業於生產與服務產業當中，希冀也能解決倫理的議題。

第一次工業革命	第二次工業革命	第三次工業革命	第四次工業革命
經由水力與蒸氣機動力而導入機械化生產	經由電力而使用分工與大量生產得以實現	經由導入電子產品與IT而使得生產得以持續自動化	經由導入CPS智慧整合感控系統

圖13-2　工業4.0演進過程（經濟部工業局）

習題

1. 消費者希望產品具備哪些條件？
2. 綠色建築是針對哪些事項評估？
3. 清潔生產評估系統裡要符合哪些條件才能通過？
4. 在一般行業清潔生產評估系統指標項目裡，哪些是核心指標？
5. 工業4.0的兩大主題是？
6. 工業4.0的基礎有哪些？

問題討論

1. 當生產者與消費者產生衝突時，試舉例說明該如何解決。
2. 當生產者與員工產生衝突時，試舉例說明該如何解決。
3. 當生產者與環境產生衝突時，試舉例說明該如何解決。

參考文獻

1. Askin, Ronald G. and Standridge, Charles R. (1993), Modeling and Analysis of Manufacturing Systems, John Wiley & Sons.
2. 經濟部工業局，綠色工廠標章推動作業要點，https://www.moeaidb.gov.tw/。
3. 桑德爾（2011），《正義：一場思辨之旅》，樂為良譯，雅言文化。（譯自Sandel, Michael (2011), JUSTICE: What's the Right Thing to Do? Farrar Straus & Giroux。）
4. 維基百科，印度博帕爾事件。
5. 呂國禎、陳良榕（2015），〈失控的高科技廢物〉，《天下雜誌》，568期。

第十四章
與永續經營相關之倫理議題

第一節　永續性

一、永續定義

　　1987年，於聯合國世界環境及發展委會（World Commission on Environment and Development, WCED）所發布的布蘭特報告（Brundtland Report）「我們共同的未來（Our Common Future）」中，認為要達到永續，人們除了滿足目前的需求外，也需要考慮到未來世代人們的權利，以免危害其可持續發展之能力。此外，國際自然暨自然資源保育聯盟（International Union for the Conservation of Nature and Nature Resources, IUCN）等國際性組織更是在1991年所出版的《關心地球（Caring for the Earth）》書中，指出人們的生活應當在不超出生態系統所能負荷的情況下，改善其品質。

　　長久以來，人們秉持「以人類為中心」的思想，生存於這塊土地上，思考著如何使生活更加便利、帶動經濟或社會的成長。然而在我們向前邁進的同時，無意識地給予地球許多壓力，日積月累，開始產生大自然的反撲，如溫室效應、空氣霧霾、海水倒灌等頻繁的自然災害，進而也對我們的生活品質與健康產生劇烈的影響。因此所處的環境與自然生態議題漸漸地被人們所重視，亦將既有的思想轉變為「以自然生態為中心」，顧名思義為在帶動社會成長的同時，亦要妥善執行環境保護，以免讓珍貴的事物流失，並能夠給予後代人們發展的空間與能力。

　　對企業發展而言，朝向「永續」之目標前進，即期望能在滿足社會、經濟、環境等多面向需求中，尋找平衡點或相容處，並能不危及到下一代

的福祉。如同IEK近年來在家用產品中所採用的策略，以銷售LED燈、減少白熾燈泡，並決定兩年後全面禁止鹵素燈販售，不僅降低成本，亦能夠大量地節省能源，達到永續概念。

二、永續經營

想要能夠長久發展與經營的企業越來越多重視永續的議題，而各界對於能否結合長期的獲利、社會及環境保護之期盼亦越來越高。然而我們是否真的了解永續經營的概念與精髓呢？並要如何進行呢？我們將透過以下案例，進行說明與探討。

世界環境和發展委員會（1987）認為「永續發展」指在滿足當代人的需求下，亦同時不危及後代人滿足其需求之發展，即能夠同時滿足經濟、環境及社會三個層面（如圖14-1）。

1. 經濟：在全球景氣低迷期間，企業能夠憑藉各自專業技術與優勢，提高整體公司的營收、獲利及股東報酬，達到「經濟成長」之訴求。

2. 環境：全球氣候變遷異常，且生態體系遭受嚴重破壞，為因應此狀況，企業需制定相關法規及策略，不僅在製造階段落實節能、節水及廢棄物回收之目標，亦於設計階段應朝向減廢之願景前進，確切地承擔「環境保護」之責任，替下一世代的人們保有珍貴的土地與資源。

3. 社會：企業最大資產在於員工，良好制度與策略、健康的職場環境及能否聽取員工意見等，都將影響其身心健康與工作效率，其為影響該企業能否長久發展的一項關鍵因素。此外，該層面除了考量員工外，若能夠頻繁地關懷社區或投入資源至貧窮地區的話，將能夠使整體社會邁向更好的方向前進，亦能使企業更長遠地發展，並落實「社會進步」之願景。

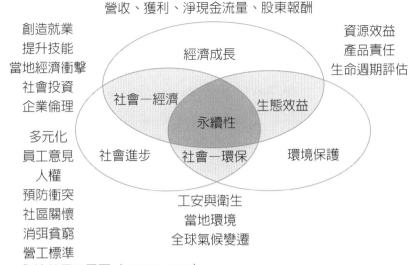

營收、獲利、淨現金流量、股東報酬

創造就業
提升技能
當地經濟衝擊
社會投資
企業倫理

資源效益
產品責任
生命週期評估

經濟成長

社會—經濟

生態效益

永續性

多元化
員工意見
人權
預防衝突
社區關懷
消弭貧窮
營工標準

社會進步

社會—環保

環境保護

工安與衛生
當地環境
全球氣候變遷

圖14-1　永續發展三層面（WCED 1987）

《天下雜誌》歷年來會對各大企業的公司治理、企業承諾、社會參與、環境保護等方面，進行企業公民（Corporate Social Responsibility, CSR）之評選。民國104年，台積電（TSMC）榮登第一名寶座，因此我們以該企業來簡易地探討其在三個層面的作法及效益。

案例14-1　台積電案例

2015年台積電在經濟、環境及社會三個層面，以永續的措施獲得大眾的肯定與良好的績效，說明如下：

1. 經濟：台積電以其精進超前的製造與技術優勢，締造營利與獲利的新高峰，發放平均股東權益報酬率達到百分之20以上，其現金股利也造歷史新高。

2. 環境：台積電為打造綠色低碳之半導體供應鏈，與原物料供應商合作減少生產所需能源，並評估溫室氣體排放管理方案，通過ISO 14067及ISO 14046認證，確實做到產品碳足跡與水足跡之控管，並主動認購一億度綠色電力，支持再生能源。

3. 社會：台積電為維護員工身心健康與營造良好的職場環境，積極輔導每一廠區通過職業安全衛生管理系統認證（臺灣TOSHMS及OHSAS 18001），又開設各層面的訓練課程，建立比《勞基法》優厚的假勤制度，以培育與留住人才。此外，台積電為彌補城鄉教育之落差，創辦文教基金會，不僅投入財力、物力，且鼓勵員工主動參與志工服務，回饋社會，「讓社會更好」的循環可以不斷運作下去。（參考資料：台積電2015）

根據台積電之各項作為，你有甚麼樣的感想呢？

1. 在此案例中，是否認同台積電之作法？抑或者你有更好的想法？
2. 針對台積電之作法，真的能夠達到永續經營的概念嗎？

綜合以上所述，企業需要於該領域中提升專業技術以凸顯其優勢，帶動經濟成長的同時，也要考量環境議題，思考在執行生產或服務之行為時，是否會造成環境危害（如排放廢氣或廢水），抑或者面臨到全球性問題（如全球暖化）可採取的措施（如使用再生資源）。再加上關懷社區、降低貧富差距、預防衝突等帶動社會進步之行為的話，將有助於達到「永續經營」之願景。

三、永續企業之最佳規範

永續經營之概念在於同時滿足當代人於經濟、社會及環境三方面之需求外，亦不危害後代人滿足其需求之發展。為準確地落實永續經營並期望帶來效益，你可依循以下五個方向進行（申永順2015）：

1. 策略：將永續性策略整合至企業經營理念之中。
2. 科技：藉由產品、科技及服務的創新，利用有限資源去創造企業的長期經濟效益。
3. 管理：採行最高標準去管理企業責任、組織能力，企業文化及利害相關者之議題。

4. 股東：讓股東可預見企業的投資報酬率、長期經濟成長潛力、生產力、高度全球競爭力，以及對智慧資產的貢獻程度。

5. 員工與其他利害相關者：持續投入社會福利工作，並主動與不同利害相關人進行對話（顧客、供應商、員工、政府、當地居民和非政府組織）。

　　我們以中鋼公司為案例，探討該企業在永續領域中，採取怎樣的管理方針並與此相對應的績效。

案例14-2　中鋼公司之經營績效與管理方針

　　依據中鋼企業社會責任報告書，中鋼長期以來，以「追求成長，持續節能環保及價值創新，成為值得信賴的全球卓越鋼鐵企業」為願景，規劃、實施、查驗及落實PDCA程序，不斷循環改進，提升各組織的管理績效，達成「增進社會福祉、落實實際績效、發揮群體力量、講求人性管理」的經營理念。實施要點說明如下：

1. 規劃（Plan）

　　公司之經營方針以上年度經營績效對應其經營理念、計畫及品質政策來制定下年度的經營環境。

2. 實施（Do）

　　各部門雖然依據特定任務與目標，擬定專屬的經營方針，但同時也會檢視與公司整體方針是否一致及確實執行。此外，各部門鼓勵同仁能以提案改善及自主管理來積極參與和貫徹實施。

3. 查驗（Check）

　　各部門及廠（處）每季就各項經營方針的執行狀況提出檢討報告，並於全面品質管理委員會中提報與討論。

4. 落實（Act）

　　各廠（處）在年度結束時，依實施規定提出「經營方針目標執行檢討報告」，經核定後，提交工業工程處彙總及追蹤。

中鋼2015企業社會責任報告書指出由於全球經濟不振，鋼材的需求量低於供給量，而使該行業之營運遭受許多壓力，實際接單量遠低於預期目標，使得104年鋼品出貨量、高品級訂單量及對外工程事業營收低於年度標竿值。為在此逆境中尋求突破，中鋼將於105年實施以下經營方針：

1. 多元化布局、提升市場盈利。
2. 精進本業技術與能力、降低成本。
3. 建構產業聯盟、增強競爭實力。
4. 整合工程、強化軌道風電。

　　105～109未來五年將朝向五大經營策略主軸邁進：

1. 傳承企業文化，推動職涯發展，營造樂活環境，塑造行銷集團形象。
2. 提升客戶精實服務，強化策略夥伴關係，鞏固內銷市場，拓展外銷通路。
3. 整合集團資源、布局綠色產業及投資加工領域，並提升原料自給比率。
4. 研發先進產品、應用技術及高效綠色製程，提升鋼鐵產業鏈價值。
5. 強化集團工程能力，積極研發風電，全力開拓工程業務。
6. 擴展集團產品之價值與產量、持續降低成本、提升節能環保並強化安全衛生。（參考資料：中國鋼鐵2015）

根據中鋼公司之經營績效與管理方針，你有什麼樣的感想呢？

1. 在此案例中，是否認同中鋼之經營方針？抑或者你有更好的想法？
2. 針對中鋼之經營理念，是否符合永續經營的概念呢？

第二節 企業社會責任

企業社會責任（Corporate Social Responsibility, CSR）一般泛指企業在進行商業活動時，需考量對利害關係人所造成的影響，並負起相關責任，亦為永續經營中重要的一環。那麼對利害關係人會產生什麼影響？或企業在永續經營期間，應當承擔怎樣的社會責任呢？首先讓我們先探討該名詞起源於何處。

企業在永續經營間，所需承擔之社會責任，起源於聯合國祕書長Kofi Atta Annan（1991）於達沃斯世界經濟論壇年會所提出的「全球盟約（Global Compact）」計畫，而後於2000年正式啟動，呼籲各企業必須於人權、勞工標準（勞工實務和尊嚴勞動）、反貪腐及環境方面遵守十項原則，建立一個更加廣泛且平等的全球性市場。

近年來，企業社會責任受到廣泛地重視，並有越來越多企業遵循十項原則落實所要承擔之責任，而國際間主要推動的組織有世界企業永續發展委員會（World Business Council for Sustainable Development, WBCSD）、全球永續性報告協會（Global Reporting Initiative, GRI）、安侯永續發展顧問股份有限公司（KPMG）等。

為有助於讀者未來在利害關係人之影響間，落實企業社會責任，我們將聯合國全球盟約的十項原則與所屬面向整理成表14-1。

表14-1　聯合國全球盟約之十項原則（GRI-G4 2014）

項次	面向	原則
1	人權	在企業影響所及的範圍內，支持並尊重國際人權
2		企業應確保公司未涉入人權濫用
3	勞工標準	企業應保障結社自由，並有效承認集體協商的權利
4		企業應消弭所有形式的強迫性勞動
5		企業支持有效廢除童工
6		企業應消弭雇用及職業上的歧視
7	環保	企業應支持對環境採取預防性措施
8		企業應採取善盡更多企業環境責任之作法
9		企業應鼓勵研發及擴散對環境友善的技術
10	反腐敗	企業應努力反對一切形式的貪腐，包括敲詐和賄賂

聯合國呼籲企業能夠遵循十項原則，以落實企業社會責任，但其實施方式又該如何呢？抑或者說，未來若想幫助公司落實企業社會責任的話，該怎麼實行呢？申永順（2015）提出七項落實企業社會責任之實行步驟，如圖14-2所示。

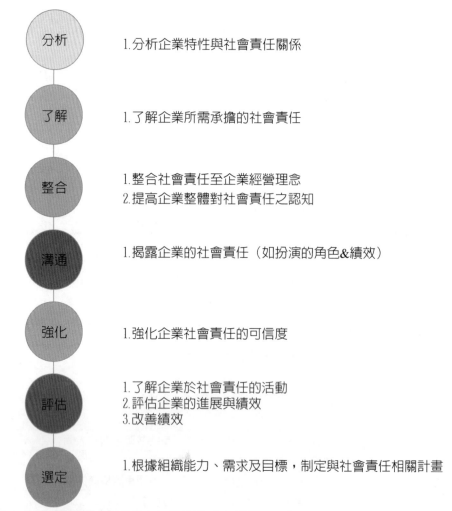

1.分析企業特性與社會責任關係

1.了解企業所需承擔的社會責任

1.整合社會責任至企業經營理念
2.提高企業整體對社會責任之認知

1.揭露企業的社會責任（如扮演的角色&績效）

1.強化企業社會責任的可信度

1.了解企業於社會責任的活動
2.評估企業的進展與績效
3.改善績效

1.根據組織能力、需求及目標，制定與社會責任相關計畫

圖14-2　實行企業社會責任之七項步驟（申永順 2015）

一、利害關係議合

企業若想長久發展與經營，需於從事商業行為間，考量對利害關係人之影響，並承擔相關之責任。即需要了解利害相關人之想法並給予即時回應和保持溝通透明化，達到永續經營，此亦為企業社會責任（CSR）之訴求。

財團法人臺灣產業服務基金會譚振中（2015）以「議合」一詞代表談判之意，其認為企業若想與利害關係人議合的話，可參照社會與倫理擔當研究所（Account Ability）所發布的AA1000SES認證及商務社會責任國際協會（Business for Social Responsibility, BSR）之標準內容。而譚振中將其內容整理成五個執行步驟：

1. 策略擬定：根據該企業之過去作法與績效，制定願景與議合程度。
2. 識別利害關係人：首先識別與該企業相關（如影響企業或受其影響）之利害關係人，分析其所關注之議題，最後繪製、排序及分類出重大關注議題之類別。
3. 事前準備：在與利害關係人進行議合前，需要確切了解目的，並進行充足的前置作業及制定明確規則。
4. 正式議合：平等地提出意見、降低衝突發生並全程記錄。
5. 反思與後續規劃：從回饋中尋找改善點與機會。

因此，未來公司或你作為代表與利害關係人進行溝通或議合時，可參考以上五步驟行。那關於利害關係人，我們該如何識別呢？說明如下。

二、誰是利害關係人？

GRI/G4永續性報告指南（2013）提到利害關係人一般指為組織投入的人，即與企業有利益關係之對象（如員工、股東及供應商），也包含指與組織有其他關係之實體或個人（如當地弱勢群體、公民社群）。主要分為以下兩種：

1. 根據合理期望，受組織行為、產品及服務顯著影響的實體或個人。
2. 根據法律或國際公約，有權提出合法主張的實體或個人。

兩者亦會間接影響組織能否成功落實策略並達到目標。

然而害關係人會影響到企業的實行策略，與其保持著溝通及回應勢必相當重要。因此GRI／G4永續性報告指南（2013）認為可透過 1.企業遵守國際認證標準；2.向利害關係人持續公布組織及業務進展；3.藉由媒體、社群或同業合作等方式，了解利害關係人之期望與關注議題，並能夠給予即時且透明化回應。

三、利害關係人關注哪些議題？

一般而言，企業所屬的利害關係人會關注哪些議題呢？財團法人臺灣產業服務基金會譚振中認為，利害關係人所關注之議題分為六大面向，其為人權、勞動實務、環境、公平運作實務、消費者議題及社區參與及發展。

財團法人臺灣永續能源研究基金會主委申永順（2015）針對客戶、供應商、融資／借款者、股東與財務分析者、當地居民、環保團體、員工、內部管理、政府及執法機構之利害關係人，探討其關注之議題，說明如下：

1. 客戶：欲了解企業執行採購之政策及增加永續性之方法。
2. 供應商：期盼企業提供能夠保有競爭力之整體策略、政策及運作模式。
3. 融資／借款者：確保企業財務管理狀況、永續投資準則及該企業對同業者之績效認知。
4. 當地居民：關注與該企業所在之場所的汙染與廢棄物之排放、僱用及資源使用等。
5. 環保團體：該企業對全球或當地之議題所採取之改善措施及預期績效。
6. 員工：確保於工作期間的身心健康、職場安全、利益及權利。
7. 內部管理者：監督企業目前作法是否符合永續之精神、評估進展狀況、了解內部當責與進步程度。
8. 政府及執法機構：了解企業對於永續方面的承諾與進展，確保是否有助於減少未來的法規干涉。

藉由以上利害關係人之關注議題的了解，有助於企業展現自身於永續方面的價值與使命，並能夠明確地制定社會、經濟及環境三個層面之目標，有助於針對利害相關者所期待的價值與利益給予回饋。

　　根據《2015天下企業公民獎》之歷屆排行，我們挑選榮登第一名的臺灣積體電路（台積電，TSMC）探討該企業於利害關係人方面的管理程序。

案例14-3　台積電利害關係人之管理程序（參考資料：台積電 2015）

　　依據台積電企業社會責任報告書，台積電公司（TSMC）2015年在利害關係人管理方面，以四階段執行，如圖14-3所示。首先根據「對其產生影響或受影響之內外部團體或個人」識別該企業的利害關係人有員工、股東／投資人、客戶、供應商、政府及社會，社會涵蓋社區、非政府組織、非營利組織及一般大眾。

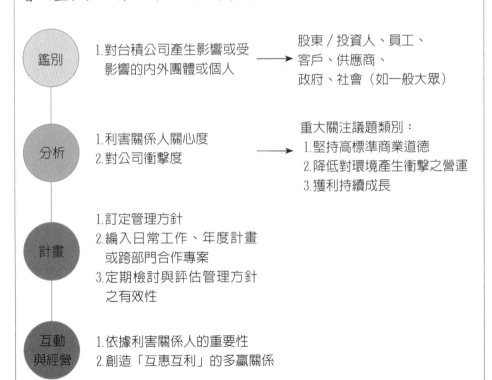

圖14-3　利害關係人管理程序（台積電 2015）

其次，以「利害關係人關心程度」及「對公司衝擊程度」評估與分析議題的重大性，並識別出利害關係人所關注議題，再交於企業社會責任（CSR）委員會審核討論，歸類統整成三大類別：堅持高標準商業道德、降低對環境產生衝擊之營運及獲利持續成長，並著手於管理方針之訂定，甚至納入日常工作、年度計畫或跨部門之合作專案，用以檢討與評估台積電管理方針的有效性。

最後，該企業將依據其利害關係人之重要性，應用公司資源，有效執行相對應之互動，創造多贏的商業關係。

台積電（2015）將所分析出的三大關注議題作為其永續經營之關鍵點，如圖14-4所示。

堅持高標準商業道德

1. 從業道德
2. 客戶滿意
3. 客戶隱私

降低對環境產生衝擊之營運

1. 管理水資源
2. 評估外部環境影響
3. 管理能源
4. 預防汙染
5. 綠色產品
6. 遵循環保法規
7. 全球氣候變遷
8. 管理供應商
9. 管理化學品

獲利持續成長

1. 未來成長潛力
2. 創新管理
3. 客戶滿意
4. 持續提升獲利能力

圖14-4　利害關係人之重大關注議題（台積電 2015）

針對第一項關注議題「堅持高標準商業道德」，台積電秉持奉公守法的精神，堅持從業道德、透明化營運方式及友善競爭，贏

取客戶信賴，並建立穩固的夥伴關係，講究平等對待與嚴格執行機密資訊保護政策，使該企業成為長期且值得信賴的技術及產能提供者，亦為該產業競爭優勢之處。

「降低對環境產生衝擊之營運」，為因應嚴苛的氣候變遷挑戰，台積電致力推行綠色廠房、綠色製造及綠色永續供應鏈，並專注於汙染防治及持續減少所消耗的能源、資源及產生的汙染物，防範環境所帶來的衝擊。

最後「獲利持續成長」議題類別，台積電為凝聚公司整體共識，設定明確的策略性財務目標（如平均股東權益報酬率至少於百分之二十），期盼以領先技術、製作卓越性及客戶信任感之競爭優勢，並採高效營運方式，創造長久價值。

針對利害關係人之議題，台積電採取多元化溝通管道，如利害關係人專區及企業社會責任箱，接受外界聲音（如參訪需求、業務詢問、一般民眾建議等），並依據其範疇與性質，給予即時回應。此外，近年來該企業甚至透過社群方式，增設「台積・愛・行動」之官方臉書粉絲頁，達到雙向溝通之管道，並定期展現台積電對社會參與之投入及交流。攸關利害關係人之相關溝通管道，僅呈現部分方式作為參考，如表14-2所示。

表14-2　利害關係人與溝通管道（台積電 2015）

利害關係人	溝通管道
員工	1.內部網站&電子郵件 2.公司性公告／錄影談話 3.人力資源服務代表 4.定期／不定期溝通會
客戶	1.年度客戶滿意度調查 2.客戶每季業務檢討會議 3.客戶稽核
社會	1.舉辦社區大型藝術活動 2.贊助社區非營利組織舉辦各項教育專案 3.贊助大學講座及獎學金 4.提供非營利組織或機構人力協助、贊助經費或物品

根據此企業在利害關係人管理方面，你有何感想？

1. 台積電公司在管理利害關係人方面是否足夠完善？或有可加強之處呢？
2. 你認為台積電公司的利害關係人溝通管道，真的有助於利害關係者了解該公司嗎？
3. 你可否針對其他企業的利害關係人進行探討呢？

第三節　企業永續性報告書

　　永續議題已成為各界火熱話題，永續經營亦是企業邁向長期性發展的指標，而利害關係人的管理是否妥當成為一項關鍵之因素。了解利害關係人並給予回應將深深地影響到企業能否長期生存於業界，因此目前各大企業都將企業永續報告書（亦稱為企業社會責任報告書）視為一項關鍵性動作，揭露該企業之作法與效益給相關利害關係人。以下我們將先探討永續報告對企業會有什麼益處，再描述該報告書之精神與所具備的資訊，最後將給予各位撰寫報告書之建議。

一、全球永續報告書之益處

　　安侯永續發展顧問股份有限公司（KPMG）為全球性專業諮詢服務組織，自1993年以來，對國際間各大企業進行企業責任調查，其分析師僅透過公開資訊進行分析，如年度財務報表、社會責任報告書及網站，並每三年就發布一次調查報告書。KPMG（2015）發表「2015 KPMG全球企業社會責任報告大調查結果」中，以全球四十五個國家的當地百大企業（N100）作為調查基準，發現全球企業責任報告書的數量正逐年增加中，而在2017年出版的KPMG報告書中，則由2015年的73%成長到75%，如圖14-5所示。

　　KPMG亦針對全球收入前250大企業（G250）進行報告品質評估，著重於企業財務或企業責任報告中，攸關資訊的揭露，而臺灣百大企業於全球中表現相當亮眼（如圖14-6），其CSR報告之成長率榮登第三名，成長將近21%，年度財報的成長率則高居第一。

53%
64%
71%
73%
75%
2008
2011
2013
2015
2017

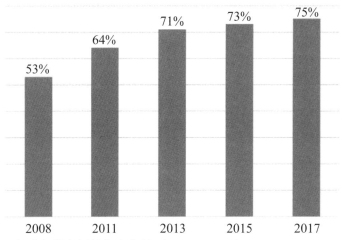

圖14-5　2017全球企業責任報告書趨勢（KPMG 2017）

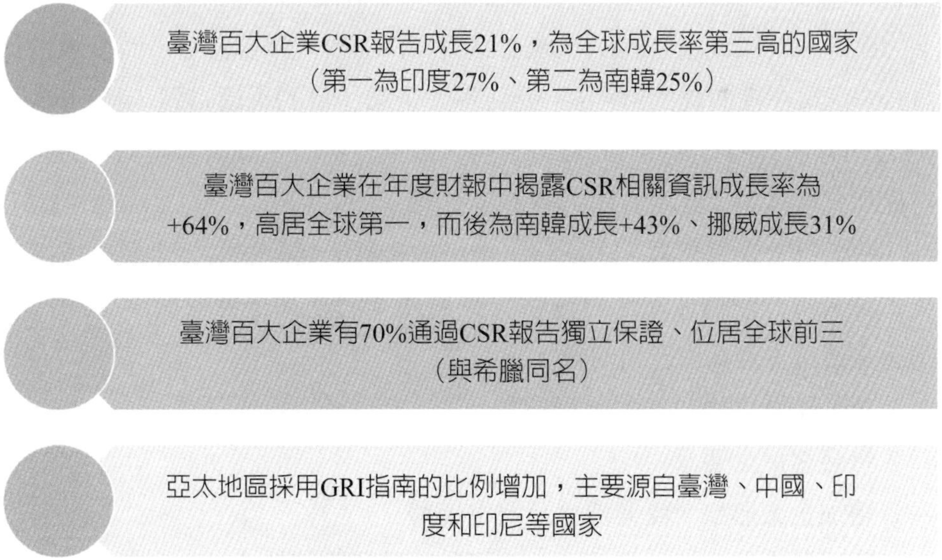

臺灣百大企業CSR報告成長21%，為全球成長率第三高的國家（第一為印度27%、第二為南韓25%）
臺灣百大企業在年度財報中揭露CSR相關資訊成長率為+64%，高居全球第一，而後為南韓成長+43%、挪威成長31%
臺灣百大企業有70%通過CSR報告獨立保證、位居全球前三（與希臘同名）
亞太地區採用GRI指南的比例增加，主要源自臺灣、中國、印度和印尼等國家

圖14-6　臺灣各大企業之全球表現（李振北 2015）

臺灣爲了跟進全球企業的腳步，從2015年開始，金融監督管理委員會訂定了相關法規，要求資本額在新臺幣50億元的上市櫃企業，須強制編製企業社會責任報告書，而化工業、食品業、金融保險業與餐飲營收占比超過5成的公司，無論資本額高低，皆強制撰寫社會責任報告書，因此

我國報告書的發行比率從2013年的56%成長到2015年的77%，而在2017年則增加至88%（林昱均2017）。

在2017年發表的企業責任報告全球調查中（KPMG 2017），特別聚焦在企業責任報告的四大新興趨勢：將氣候變遷納爲財務風險考量、聯合國永續發展目標（Sustainable Development Goals, SDGs）、人權議題、減碳目標設定。在N100與G250分別有28%與48%的企業提到氣候變遷的風險會對財務產生衝擊，只有2%的企業將此衝擊進行量化評估，用以瞭解對企業可能造成的影響規模。臺灣因爲金管會將氣候風險導入機構投資人管理原則，故有88%的企業在報告書中提出潛在風險衝擊的說明，位於全球之冠。而在減碳目標設定方面，全球G250大企業也從2015年的58%成長到2017年的67%，然而臺灣只有41%，此部分爲我國還需要加強的項目。

此外，有四成左右的N100與G250將SDGs放入報告書中，而臺灣也有31%的企業在裡面提到SDGs。受到各大企業注目的人權議題，目前N100與G250分別有73%與90%的報告書對人權進行探討，臺灣亦有82%的報告書提到人權議題；此兩方面仍有進步空間。

綜合以上資訊來看，永續報告書已越來越受到全球各大企業之重視，其本身具備什麼價值呢？財團法人臺灣產業服務基金會譚振中（2015）認爲永續報告書具備五種價值：

1. 符合相關法規要求與資訊揭露
2. 符合客戶之要求
3. 增加企業形象、商業機會及競爭優勢
4. 呈現該企業的核心價值，並識別其營運風險與機會
5. 帶動投資社會責任之趨勢

永續報告書不僅如上所述的五項價值外，GRI/G2（2002）認爲該報告書若以公開形式呈現或揭露給利害關係人參考的話，亦能爲企業帶來七大好處，說明如下：

1. 身處網路資訊發達時代，公開報告已成爲一項關鍵的管理工具。

2. 確保利害關係者全程參與並維持之間的利害關係。

3. 有助於企業面臨經濟、環境及社會所帶來的機會與挑戰。

4. 加強與外部關係者（如消費者）間的合作夥伴關係，強化企業的可信度。

5. 藉由整合財務、營銷及研發各部門之功能，可使策略更具彈性。

6. 透過供應、社區、監管機構及聲譽與品牌管理，建立企業的預警機制。

7. 強化管理階層對該企業整體在自然、人文及社會所作貢獻之評估能力。

8. 降低上市／上櫃公司股價之波動與不確定性。

二、永續報告書之內容

GRI/G4永續性報告指南（2014）提到「永續性報告」內容主要敘述組織於環境、社會及經濟層面上之正面或負面衝擊（如圖14-7），使議題能夠更加明確且具體，有助於組織設定目標、衡量績效及管理變革，進而使其營運更加順利且長久。

全球永續性報告協會（GRI）認為永續報告中「衝擊層面」主要涵蓋顧客、供應商、員工、資金贊助者和大眾行業。而「環境衝擊」涵蓋原料、能源、水、生物多樣化、空、水、廢物排放、供應商、產品與服務、運輸、其他。至於最後的「社會衝擊」則分為勞工實務、人權及社會三種，如圖14-8所示。

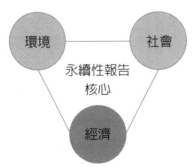

圖14-7　永續性報告核心（GRI／G4 2014）

經濟面
1.顧客
2.供應商
3.員工
4.資金贊助者
5.大眾行業

環境面
1.原料、能源、水、生物多樣化
2.空、水、廢棄物排放
3.供應商
4.產品與服務
5.運輸
6.其他

社會面
1.勞工實務
2.人權
3.社會

圖14-8　三大衝擊層面（GRI／G4 2014）

　　勞工實務指僱用與正當工作、產業關係、健康與安全、訓練與教育、多樣與機會；人權指策略與管理、不歧視、結盟與集體協商的自由、童工、強迫與強制的勞務、紀律懲戒實務、安全實務、固有的權利、一般；社會則為顧客健康與安全、產品與服務宣告、廣告、尊重隱私、顧客滿意度、賄賂與貪汙、政治獻金、公共政策、競爭與價格制定、企業公民、社區。

　　世界企業永續發展委員會（World Business Council for Sustainable Development, WBCSD）認為「企業永續性報告書」應當包含下列資訊：

1. 揭露經營策略的核心價值與原則。
2. 揭露企業於永續三層面（經濟、環境及社會）的績效及目標。
3. 揭露管理階層對各績效所提出之改善計畫及承諾。
4. 明確說明該企業對環境保護及永續發展的具體貢獻。

　　企業永續性報告書根據其狀況，呈現的資訊與方式亦有所不同，聯合國依據該企業的執行時間、努力程度及所對應的世界水準或利害相關者要

求程度，分為五個執行層次（如圖14-9）：

1. 層次一：採用環保簡訊、錄影帶及年報方式，簡要說明。
2. 層次二：建立獨立的環境年報，涵蓋正式的環境政策說明。
3. 層次三：整合環境年報與環境管理，呈現更多績效與文字敘述。
4. 層次四：透過電子或網路化等公開方式，逐年詳實報告公司及各分公司持續改進的績效。
5. 層次五：將報告內容提升力至永續性報告的層次，即納入社會面與經濟面指標。

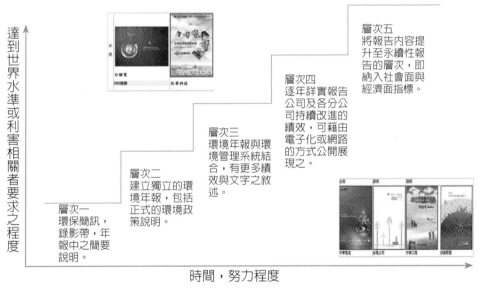

圖14-9　CSR執行層次（UNEP EI 1994）

綜合以上內容，有助於我們了解企業永續性報告之核心，需明確呈現該企業之環境、社會和經濟衝擊與其所涵蓋之層面，並包含所需相關資訊，且根據企業狀況有所對應之五種層次。相信大家對撰寫永續性報告書之精神已有基本的認識。

三、永續報告書撰寫方向

　　財團法人臺灣產業服務基金會譚振中（2015）認為企業永續報告書（或企業社會責任報告書）之撰寫主要以經濟、社會、環境及治理四大方向進行，如圖14-10所示。

圖14-10　永續報告書撰寫方向（譚振中 2015）

　　大部分企業著手撰寫報告書的時候，會依循中華民國企業永續發展協會（2015）出版的GRI／G4永續性報告指南：報告原則與標準揭露及實施手冊之指標進行撰寫，以便提供更高品質的資訊給利害關係人做決策。應用指南撰寫永續性報告之步驟如下：

1. 了解企業目前概況。
2. 選擇企業喜好的依循選項：分為核心依循及全面依循，核心指企業於經濟、環境、社會及治理之績效影響上的基礎；全面則是增加對策與分析、治理、倫理與誠信。
3. 準備揭露「一般標準揭露」：依據依循選項，識別該企業的一般標準揭露中的「鑑別重大考量面與邊界」（如表14-3），用以反映該企業於考量面上所產生的經濟、環境和社會之衝擊，或於該考量面上深深地影響利害關係人之評價及決策。
4. 準備揭露「特定標準揭露」：依據不同類別與考量面，揭露其該企業的管理方針。

表14-3　類別與考量面（GRI / G4 2014）

類別	經濟	環境
考量面	1.經濟績效 2.市場形象 3.間接經濟衝擊 4.採購實務	1.原物料 2.能源 3.水 4.生物多樣性 5.排放 6.廢汙水和廢棄物 7.產品及服務 8.法規遵循 9.交通運輸 10.整體情況 11.供應商環境評估 12.環境問題申訴機制

類別	社會			
子類別	勞工實務和 尊嚴勞動	人權	社會	產品責任
考量面	1.勞雇關係 2.勞／資關係 3.職業健康與安全 4.訓練與教育 5.員工多元化與平等機會 6.女男同酬 7.供應商勞工實務評估 8.勞工實務問題申訴機制	1.投資 2.不歧視 3.結社自由與集體協商 4.童工 5.強迫與強制勞動 6.保全實務 7.原住民權利 8.供應商人權評估 9.人權問題申訴機制	1.當地社區 2.反貪汙 3.公共政策 4.反競爭行為 5.法規遵循 6.供應商社會衝擊評估 7.社會衝擊問題申訴機制	1.顧客的健康與安全 2.產品及服務標示 3.行銷溝通 4.顧客隱私 5.法規遵循

5. 撰寫永續性報告書：企業可以不同形式之媒介呈現報告書，如電子版本、網頁揭露或紙本報告書皆可，然而必須至少以一種形式向使用者提供完整資訊。

GRI／G4永續報告指南不僅提供一般與特定標準揭露外，亦提供與供應鏈相關的標準揭露，協助組織描述其與供應鏈相關（如供應鏈種類、數量及地點等）之營運揭露給利害相關者。如下為與供應鏈相關之標準揭露：

類別：社會

1. 子類別：勞工實務和尊嚴勞動
   (1)職業健康與安全：G4-LA6。
   (2)供應商勞工實務評估：G4-LA14、G4-LA15，考量面特定的管理方針揭露（DMA）指南。

2. 子類別：人權
   (1)結社自由與集體協商：G4-HR4。
   (2)童工：G4-HR5。
   (3)強迫予強制勞動：G4-HR6。
   (4)供應商人權評估：G4-HR10、G4-HR11，考量面特定的管理方針揭露（DMA）指南。

3. 子類別：社會
   (1)供應商社會衝擊評估G4-SO9、G4-SO10，考量面特定的管理方針揭露（DMA）指南。

根據上述與供應鏈相關標準揭露之對應，我們以天下企業公民榮獲第一的台積電公司為例，了解其在供應鏈方面之管理。台積電（2015）以強化與供應商的合作、提升其彈性、減少非必要成本及縮短開發新產品時間為前提下，確保對客戶的服務品質，推行「在地化」之概念管理，並於2015年原物料在地化採購已達42%的實質績效，如表14-4所示。

表14-4　台積電原物料採購分布（台積電 2015）

	臺灣	美國	日本	歐洲	其他
原料比例（%）	42	12	38	3	5

第四節　未來觀察

　　中華民國企業永續發展協會歷年來針對永續性報告，出版《永續性報告指南》給予企業作爲撰寫報告書之參考，然而於食品、金融及化工方面未曾被涵蓋在內。基於近年來弊端叢生，2014年金管會主委曾銘宗表示：「食品股、金融股、化工股以及資本額超過100億元的上市櫃企業，2015年將強制編製企業社會責任（CSR）報告書」。

　　2016年10月，GRI發佈了GRI準則（GRI Srandards），此準則分成三大系列，3本通用準則（Universal Standards）與33本特定主題準則（Topic-Specific Standards），藉此提升結構的靈活性，使報告書更適合企業使用。GRI準則與GRI/G4版本並無增加新的主題，只使用新的模組化結構與格式，讓企業社會責任報告書的內容更佳清晰、明瞭，並解釋GRI/G4的內容，使整體說明更簡單（詳細內容請參考GRI Standards）。

習題

1. 何謂永續發展與經營？
2. 何謂利害關係人？其如何對企業產生影響？
3. 利害關係人關注的議題有哪些？

問題討論

1. 你若身爲企業的高階管理層，應該怎麼帶領公司朝永續經營的目標邁進？
2. 你覺得企業有何社會責任？
3. 你認爲永續經營僅遵循聯合國全球盟約的十項原則就足夠嗎？是否還

有可精進之處，使企業能更長久地發展與生存呢？

4. 你若身為企業家是否贊成企業編製企業永續報告書？

5. 撰寫永續報告書主要對企業有所幫助還是利害關係人？能為他們帶來什麼好處？

6. 當你在幫助企業撰寫永續性報告書時，應當做好哪些準備？又該如何撰寫一篇好的永續報告書呢？

7. 撰寫永續報告書時，你認為哪些標竿揭露與供應商有關係呢？

參考文獻

1. Switzerland, G. (1991), *Caring for the Earth: A Strategy for Sustainable Living*, IUCN, UNEP & WWF.

2. World Commission on Environment and Development (1987), *Our Common Future*, Oxford University Press.

3. 企業報告倡議組織（2013），《G4永續性報告指南：實施手冊》，社團法人中華民國企業永續發展協會。

4. 企業報告倡議組織（2013），《G4永續性報告指南：報告原則與標準揭露》，臺灣：社團法人中華民國企業永續發展協會。

5. 台積公司（2015），民國104年度企業社會責任報告書。

6. 中鋼公司（2015），民國104年度企業社會責任報告書。

7. 譚振中（2015），〈利害關係人與重大考量面鑑別〉，財團法人臺灣產業服務基金會。

8. 申永順（2015），〈CSR相關運作標準研析與應用〉，財團法人臺灣永續能源研究基金會。

9. 申永順（2015），〈國內外企業永續報告書之發展與推動現況〉，財團法人臺灣永續能源研究基金會。

10. 熊毅晰（2016），〈天下企業公民：天下CSR暨10年回顧〉，天下雜誌。

11. KPMG（2015），KPMG 2015年企業責任報告全球調查，KPMG安侯建業。

12. KPMG（2017），KPMG 2017年企業責任報告全球調查，KPMG安侯建業。

13. 李振北（2015），KPMG全球企業社會責任報告大調查結果，CSRone永續報告平台。

14. 林昱均（2017），臺灣前百大企業88家有做企業社會責任報告書，ET-today新聞雲。

15. 維基百科，企業社會責任。

16. 全球永續性報告協會（Global Reporting Initiative），http://www.globalreporting.org/。

17. 中華民國企業永續發展協會，http://www.bcsd.org.tw/。

18. GRI Standard（2017），企業永續發展協會。

第十五章
與智慧財產權相關之倫理議題

第一節　智慧財產權意義與目的

「智慧財產權」（Intellectual Property Right, IP 或IPR），中國大陸稱爲「知識產權」，指國家對於人類智慧活動所創造出具有社會財產價值的成果，制定法律賦予（創設）該利益得受到法律保護的權利，也就是人們就其智慧活動的成果，依法享有其利益的權利。其權利來源，一般有兩種說法：

1. 源於自然權利：此說根據自然權利論，認爲財產權爲天賦人權，先於國家法律而存在，法律之所以保護智慧財產權，僅是事後承認而已。
2. 國家賦予權利：此說根據權利創設論，認爲智慧財產權最早產生於國家賦予人民的專利特權，以及著作出版爲公會壟斷的事實。因此智慧財產權與一般的財產權來源不同，它是國家制定出法律後，才具有法律上保護的權利依據。

智慧財產權的設立目的，在於透過法律保護創作發明人的智慧成果，並鼓勵有能力的創作發明人願意繼續完成更多更好的智慧結晶，供社會大眾參考利用，帶動社會的進步。

第二節　智慧財產權起源

世界智慧財產權組織（World Intellectual Property Organization，簡稱WIPO）是一個致力於促進使用和保護人類智力作品的國際組織。總部設在瑞士日內瓦的世界智慧財產權組織，是聯合國組織系統中的15個專門

機構之一。它管理著涉及智慧財產權保護各個方面的24項條約（16部關於工業產權，7部關於版權，加上《建立世界智慧財產權組織公約》）。直到2014年7月15日為止，成員國有187個國家。

世界智慧財產權組織的根源可追溯到1883年，《保護工業產權巴黎公約》（Paris Convention for The Protection of Industrial Property，簡稱《巴黎公約》）的誕生。這是第一部旨在使本國國民的智力創造亦能在他國得到保護的重要條約。這些智力創造的表現形式是工業產權，即：

1. 發明（專利）
2. 商標
3. 工業品外觀設計

《巴黎公約》於1884年生效，當時有14個成員國，成立了國際局來執行行政管理任務，諸如舉辦成員國會議等。1886年，隨著《保護文學和藝術作品伯爾尼公約》（The Berne Convention for the Protection of Literary and Artistic Works，簡稱《伯爾尼公約》）的締結，版權走上了國際舞臺。該公約的宗旨是使其成員國國民的權利能在國際上得到保護，以對其創作作品的使用進行控制並收取報酬。這些創作作品的形式有：

1. 長篇小說
2. 短篇小說
3. 詩歌
4. 戲劇
5. 歌曲
6. 歌劇
7. 音樂作品
8. 奏鳴曲
9. 繪畫
10. 油畫
11. 雕塑
12. 建築作品

同《巴黎公約》一樣，《伯爾尼公約》也成立了國際局來執行行政管理任務。1893年，這兩個小的國際局合併，成立了被稱之為保護智慧財產權聯合國際局（常用其法文縮略語BIRPI）的國際組織。這一規模很小的組織設在瑞士伯爾尼，當時只有7名工作人員，即是今天的世界智慧財產權組織的前身。

1967年7月14日，《巴黎公約》和《伯爾尼公約》4會員國在斯德哥爾摩簽定了《建立世界智慧財產權組織公約》（Convention Establishing the World Intellectual Property Organization, WIPO），該公約揭示：「為了鼓勵創作活動，期待提升全球對智慧財產權的保護，在完全尊重聯盟各成員獨立性的同時，期待使此一為保護工業財產權及文學藝術創作而設立的聯盟現代化，並提升其運作效率。」，WIPO的成立是藉助各國的合作，及其他國際組織的協力，來共同促進全球智慧財產權的保護。

根據《WIPO組織公約》第2條第8款規定，所謂「智慧財產權」是指下列相關權利：

1. 演藝人員之表演、錄音物以及廣播
2. 人類之任何發明
3. 科學上之發現
4. 產業上之新型及新式樣（工業設計）
5. 商標、服務標章，以及商業名稱與表徵
6. 防止不公平競爭
7. 其他在工業、科學、文學或藝術領域，由精神活動所產生的權利

根據WIPO的界定，可以看出智慧財產權的範圍，包括了著作及相關權利／鄰接權（表演、錄音物、廣播）、專利（發明、新型、新式樣／工業設計）、商標、反不正當競爭（防止不公平競爭），而廣泛包括工業、科學、文學或藝術領域。此精神活動所產生的權利，雖點出智慧財產權的核心意義，但相較於「世界貿易組織」（World Trade Organization, WTO）之《與貿易有關的智慧財產權協定》（The Agreement on Trade-Related Aspects of Intellectual Property Rights, TRIPS），似乎還是過於廣泛。

1993年WTO之《與貿易有關的智慧財產權協定》的緣起，是在1986年《關稅暨貿易總協定》（General Agreement on Traffics and Trade, GATT）所召開之「烏拉圭回合」（Uruguay Round）談判，各國協議將智慧財產權列入議題，此後經歷7年，終於在1993年底通過《與貿易有關的智慧財產權協定》，並於1991年1月1日開始生效，是目前國際共同保護智慧財產權態樣最爲廣泛的單一多邊協定。TRIPS所稱的「智慧財產權」在其第2篇中規範，包括：

1. 著作權及相關權利（copyright）
2. 商標（trade mark）
3. 地理標示（geographical indication）
4. 工業設計（industrial design）
5. 專利（patent）
6. 積體電路電路布局（layout designs of integrated circuit）
7. 未經揭露資訊的保護（protection of undisclosed information）
8. 與授權契約有關之反競爭行爲的防制（control of anti-competitive）

第三節　智慧財產權的意義

　　根據有關智慧財產權的國際條約，可以得知智慧財產權主要涵蓋兩個範圍，如圖15-1所示：

1. 人爲創造力（文化創作與技術創新）：即利用人類精神力所創造出的成果。如著作權、專利權、植物品種權、積體電路電路布局保護權。
2. 市場秩序：即有關市場的正當競爭秩序。如商標權、營業祕密、不公平競爭之規範。

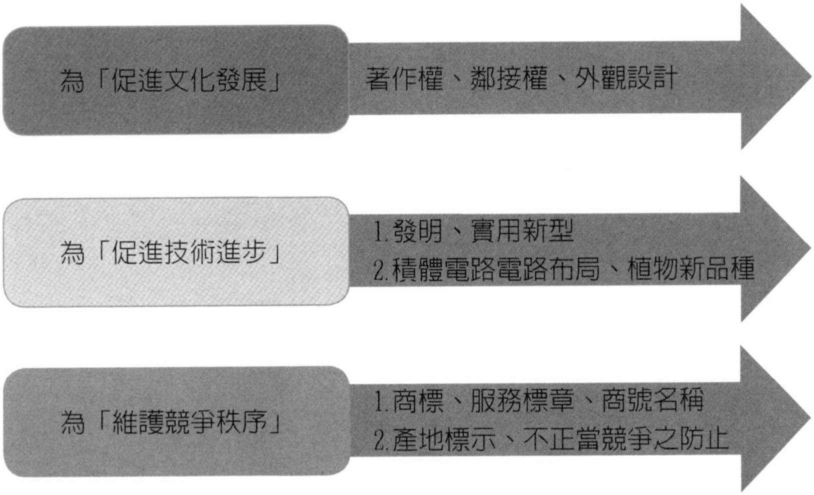

圖15-1　智慧財產權法的意義（徐振雄 2015）

第四節　智慧財產權的界定範圍

　　TRIPS對智慧財產權的界定範圍，除了著作及相關權利、專利、商標、地理標示（Geographical Indication）、積體電路電路布局之外，也包括未經揭露資訊的保護（營業祕密），以及與授權契約有關的反競爭行為的防制（公平交易），亦即禁止從事交易的人或團體（事業）以不正當競爭的手段，如以虛偽不實的表徵、不實廣告、搭售、獨家交易或對專利授權商品的價格、授權的市場有所限制等，這些除了妨礙自由競爭外，也違背公平競爭的原則，亦為我國《公平交易法》所規範。所以《公平交易法》也被納入廣義的智慧財產權法。

　　智慧財產權的種類甚多，往往因為社會變遷而逐漸擴展其種類與內容，而在我國法律形式上，主要是指《專利法》、《商標法》、《積體電路電路布局保護法》、《植物品種及種苗法》等因申請登記後開始受保護的權利，或《著作權法》、《營業祕密法》等因特定之行為本身自然發生而受保護的權利，以及依《公平交易法》禁止他人從事不公平競爭行為而受保護的權利，如圖15-2所示。

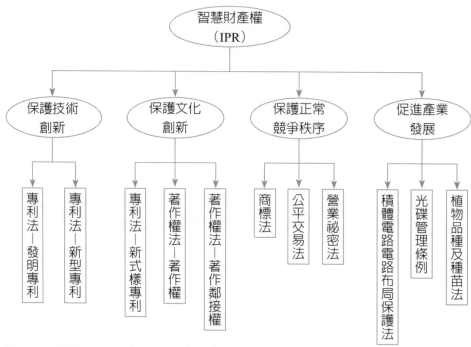

智慧財產權
（IPR）

保護技術創新 — 專利法—發明專利、專利法—新型專利

保護文化創新 — 專利法—新式樣專利、著作權法—著作權、著作權法—著作鄰接權

保護正常競爭秩序 — 商標法、公平交易法、營業祕密法

促進產業發展 — 積體電路電路布局保護法、光碟管理條例、植物品種及種苗法

圖15-2　臺灣智慧財產權之法律保障體系（蔡惠如 2012）

第五節　智慧財產權的性質

　　徐振雄（2015）認為智慧財產權的性質共有以下七點：

1. 「無形性」指智慧財產權係人類智慧的活動，這種活動雖然不占有物理空間，但仍具有財產上的利益，為一種無體財產權（Intangible Property Rights），具有無形性（Intangible Nature）。

2. 「權利的賦予性」指智慧財產權乃是國家依照法定程序立法，賦予創作人在法律上所得主張的權利。例如著作受到法律保護，在過去需要經過註冊程序才受到保護，但現在採取「創作保護主義」，並不需要登記即可受到法律的保護。又如專利與商標需要經過法定程序申請，經過審查，符合法定條件後才給予專利權或商標權。

3. 「期限性」指法律保護智慧財產權乃兼顧個人權利與社會公益，因此設有權利保護的期間。例如在我國，發明專利的保護期間是20年，新型專利是10年，設計專利是12年；自然人的著作財產權保護期間為著作權人終身及死後50年；商標權為10年等（但得延展），而一般的財產權，原則上並無期間的限制。

4. 「公開性」指除了營業祕密因性質使然不具公開性外，其他智慧財產，如專利、商標的申請程序，必須以書面提出或附加說明書，使其專利發明及使用商業標記或服務標章可為社會大眾了解，並有提出異議的機會。

5. 「不確定性」指智慧財產的研發投資，通常涉及種種主客觀因素，投入的研發資金在市場上是否能得到相對回報或利潤並不確定。例如雖投入大量人力物力與時間金錢進行研發，但在申請取得專利後，卻未必有行銷市場，又即使商品化後，也未必能夠回收當初所投入的資金。又如在專利存續期間始終存在被他人舉發而被撤銷專利的風險，或是商標權期限屆滿卻未申請延展，導致商標權消滅。這種種因素都使得金融業者在接受智慧財產權作為擔保以為融資時，充滿了不確定的風險。

6. 「公益性」指智慧財產為個人智慧活動所為的創作，國家基於財產權必須保護個人權益，但也必須兼顧社會公共利益，使創作發明等知識利益能為社會共享，促進人類進步，故具有公益性質。

7. 「屬地主義」指一個國家的法律效力僅及於其國家境內，而不涉及於其他國家。

另外，受到經濟全球化與知識經濟影響，智慧財產權也逐漸具有法律全球化或國際化的趨勢，如世界貿易組織會員國受到TRIPS的影響，而紛紛制定或修訂符合TRIPS規範意旨的內國法律。

第六節　著作權

著作權（Copyright）：主要的目的是希望保障原創著作人的著作權益，也是為了保護使用者依法透過授權管道，利用他人的著作。著作內容包括有（著作權法第5條）：

1. 語文著作
2. 音樂著作
3. 戲劇、舞蹈著作
4. 美術著作
5. 攝影著作
6. 圖形著作
7. 視聽著作
8. 錄音著作
9. 建築著作
10. 電腦程式著作

著作人在著作完成時即取得著作權，不需經由任何申請登記程序。保護期限為50年。著作權又分為下列兩種：

1. 著作人格權：用來保護著作人的名聲、人格及利益，所以著作人格權專屬於著作人本身，不可以讓與或繼承。
2. 著作財產權：主要是賦予著作人其著作的權利，進一步獲得實質上的經濟利益，促使著作人願意繼續從事創作活動。著作財產權得全部或部分讓與他人或與他人共有。

重製權：指著作權人所專有的重製著作之權利，乃為著作財產權最重要權能之一。教師在學校授課時，常常會因為教學的需要而影印他人的書籍、文章，或利用他人的文章、圖片來製作教學教材，這些行為都涉及到《著作權法》上所謂的「重製」。《著作權法》第46條訂定了「依法設立之各級學校及其擔任教學之人，為學校授課需要，在『合理範圍』內，得重製他人已公開發表之著作。」

《著作權法》第52條（修正日期：民國103年01月22日）爲報導、評論、教學、研究或其他正當目的之必要，在合理範圍內，得引用已公開發表之著作。爲避免侵犯著作人著作之相關權益，合法引用作法有（羅有隆2010）：

1. 須獲得授權：取得授權書或同意書，於書中註明使用目的與範圍。
2. 註明資料出處：包含作者、書名、出版商、發行地點、發行日期等。
3. 合理引用量：依雙方互相尊重的原則，或按照授權約定的內容執行。
4. 注意著作版權標示：如「OO公司版權所有，(C)2010-2018, All Rights Reserved.」。
5. 網頁連結方式：不可複製他人網頁，連結他人網頁宜跳出新視窗，以完整呈現原貌。

案例15-1　飛行網（Kuro）

「飛行網」（Kuro）是頗有名的線上影音分享網站，會員與會員間藉由檔案傳輸技術「點對點連結（Peer to Peer）」，可以使用個人電腦分享彼此的音樂資訊，而「飛行網」則透過如中華電信等中介網路服務提供網路連線服務，向會員收費獲得利潤。

「飛行網」（Kuro）這樣的經營模式被唱片業者控告侵權，於2005年一審敗訴，Kuro的負責人和所有參與下載歌曲的會員都被判決有罪，列爲侵犯《著作權法》的共同正犯，分別被判刑3年至4個月不等。Kuro付出約3億的權利金，在2006年9月與IFPI（財團法人國際唱片業交流基金會）達成和解，後來與雅虎共同合作，提供付費模式的音樂下載服務。（參考資料：羅有隆2010）

試問「飛行網」是否涉及侵害唱片公司的著作權？爲什麼？

案例15-2 成大學生

於2001年4月，因接獲檢舉，臺南地檢署前往成功大學學生宿舍，查獲多名學生架設音樂分享網站，違反《著作權法》，同時並查扣相關電腦。相關學生團體不斷在許多場合表示，下載MP3音樂僅為個人欣賞，屬於法律所允許的「合理使用」範圍，並不涉及對智慧財產權的侵權行為。IFPI與成大學生各執一詞，經過半年多方協調後，要求學生登報道歉後與IFPI和解，於9月20日發還查扣電腦。（蔡文居 2001）

試問同學「合理使用」的標準為何？

案例15-3 未經授權播放有線音樂

國內某知名涮涮鍋連鎖店被臺北地檢署起訴，疑似在臺北市的分店內轉播有線音樂頻道的歌曲，違反《著作權法》第92條規定，可處三年以下有期徒刑、拘役、或科或併科新臺幣75萬元以下罰金。中華音樂著作權仲介協會指出，96年9月時發現該分店公開播放有線音樂頻道歌曲，且有錄音存證。臺北地檢署檢察官指出，有無違反所謂公開播送權，可檢視以下兩個要件：「公開場所播送」與「行為人是否藉由公開播送間接獲利」。如果餐廳播放音樂吸引客人上門，就是間接獲利，必須付費使用。（蔡岳勳 2012）

案例15-4 房產廣告

有媒體報導，未來使用101大樓外觀及名稱標誌當作商業用途可能要付費。智財局認為這種說法與法律規定有落差，若單純以101大樓為背景的房地產廣告，或者利用101大樓拍照，製成海報、明信片或拍戲入鏡作為背景，屬於《商標法》及《著作權法》

合理使用方式，不受商標權效力拘束，也沒有著作權侵權問題，臺北金融大樓公司沒有收費權利。但若行為人主觀上有將該101大樓之立體圖作為自己商標的意思或目的，在客觀上又真的會使消費誤認為是臺北101在賣房子，則有可能侵害其商標權。（蔡岳勳 2012）

為什麼會出現以上的那些案例，因為著作權之價值非常巨大，以下列舉幾點：

1. 《希拉蕊回憶錄》以800萬美金賣給出版商。
2. 古龍死後，發生上億元著作權遺產爭奪戰。
3. 1997年7月，《哈利波特》第一集《哈利波特：神祕的魔法石》在英國出版，原本書商態度謹慎，首刷只印了一千本，《哈利波特》前六集行銷全世界的總數達三億二千五百萬本，第七集於英國首日狂賣300萬本，共被翻譯成64種語言。2001年哈利波特電影系列第一集《哈利波特：神祕的魔法石》上映，前四集系列電影在全球票房高達35億美元（約臺幣1130億元）。
4. 由Walter Isaacson所撰寫的《賈伯斯傳》，在正式上市一週後，在美國的銷售量已經達到37.9萬本，臺灣預購量已逼近10萬冊，中文版售價599元，以首刷22萬冊計算，創造1.31億元產值。在中國光是預購就破百萬本，預計該書最終銷量可望上衝500萬本，創下中國單冊圖書銷售紀錄。

第七節　專利權

《專利法》第 1 條寫道：為鼓勵、保護、利用發明、新型及設計之創作，以促進產業發展，特制定本法。專利權的目的是鼓勵與保護新的、有用的、而且新穎的發明或流程，以促進產業發展。

專利權是採申請制度，並需經審查通過，以先申請者先准予專利。且專利必須在一國或多國提出申請，然後由每一個國家來決定是否在各自領土上給予專利保護。專利種類有（如表15-1所示）：

1. 發明專利：依《專利法》第21條規定，「發明，指利用自然法則之技術思想之創作。」表現在物或方法上，保護自申請日起算20年。
2. 新型專利：指利用自然法則之技術思想，對物品之形狀、構造或裝置之創作。保護自申請日起算10年。
3. 設計（新式樣）專利：指對物品之形狀、花紋、色彩或其結合，透過視覺訴求之創作。保護自申請日起算12年。

表15-1　專利權種類（五洲國際專利商標事務所）

種類	保護年限	核准要件	特色
發明	申請日起20年	1.產業利用性 2.新穎性 3.進步性	1.申請日起18個月公開。 2.申請日起3年內請求實審。 3.物品、方法、微生物皆可專利。
新型	申請日起10年	1.產業利用性 2.新穎性 3.進步性	1.採取形式審查，可快速取得專利權。 2.限物品形狀、構造、裝置可專利。 3.配合新型專利技術報告制度。
設計 （新式樣）	申請日起12年	1.產業利用性 2.新穎性 3.創作性	1.指對物品形狀、花紋、色彩透過視覺訴求之創作。 2.有聯合新式樣制度。

　　而申請專利時，會針對該申請項目是否符合核准要件進行評估，以下為專利基本的三要件（經濟部智慧財產局）：

1. 產業利用性：
   (1)可供產業上利用之發明：申請專利之發明，依據《專利法》第二十條第一項規定，應為「可供產業上利用之發明」。此處所謂之「產業」，其定義在《專利法》並無明文規定，然依據一般之共識，此產業二字，是指廣義的產業而言，故包含工業、礦業、農業、林業、漁業、水產業、畜牧業，輔助產業性之運輸業、交

通業等。

⑵非可供產業上利用之發明包含下列幾種類型：

未完成之發明

①欠缺達成目的之技術手段的構想

②欠缺達成目的之全部技術手段

③欠缺達成目的之部分技術手段

④有技術手段但顯然不能達成目的之構想

⑤非可供營業上利用之發明

⑥實際上顯然無法實施之發明

2. 新穎性：專利制度乃對開發新技術之發明者，以公開其發明，使公眾得以藉由此項公開而知其發明，作為交換條件，而賦予專有排他性之專利權，以代價公開其發明之制度。因此得給予專利之發明，需為申請專利前尚未公開使公眾知悉之發明，如申請專利前已公開使公眾知悉之發明，則無賦予專利權以增加社會成本之必要。此種申請專利前尚未公開使公眾知悉之發明，即稱為具有新穎性之發明。故所謂新穎性者，乃指發明在申請專利前從未被公開，因而從未被公眾所知或使用過之情形而言。

3. 進步性：《專利法》第二十條第二項規定：「發明係運用申請前既有之技術或知識，而為熟習該項技術者所能輕易完成時，雖無前項所列情事，仍不得依本法申請取得發明專利」之規定，一般稱之為不具進步性。依據該條項規定之意旨，申請專利之發明為運用申請當日之前既有之技術或知識以完成者，如該發明為熟習該項技術者之一般技術知識所能輕易完成者，即不具進步性。反之，如非為熟習該項技術者之一般技術知識所能輕易完成者，即具有進步性。新穎性與進步性係不同的基本要件（Criteria），申請專利之發明與申請當日之前既有之技術或知識若有差異時，即有新穎性，「有無進步性」之問題，僅於有新穎性之情形下，始會產生。

2015年全球專利申請案共約289萬件，比2014年（268萬件）增長

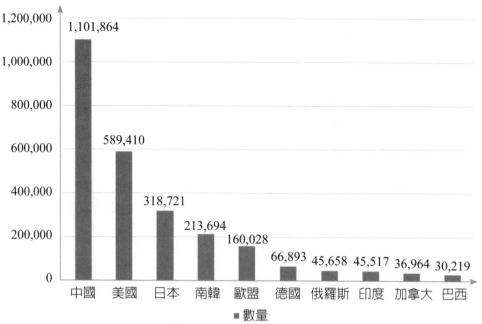

圖15-3　2015年全球專利申請數前十名（WIPO 2016）

7.8%。第一大專利申請國的中國受理了約110.1萬件申請案，其次是美國約58.9萬件、日本31.8萬件、韓國21.3萬件和歐洲專利局（EPO）月16萬件，如圖15-3所示。其五大局受理總件數占全球82.5%。其中中國大陸成長最多（+18.7%），其後依序為EPO（+4.8%）、美國（+1.8%）和韓國（+1.6%），日本則下跌2.2%。

　　在2011年至2013年間，可以看到前10大專利申請國中，數位通訊以中國為主，因為近年來，中國的許多手機通訊公司崛起，例如小米（MI）、歐普（OPPO）等；電腦技術以美國為主，則是IBM、微軟（Microsoft）等公司每年都申請許多的電腦技術專利；半導體以韓國的三星（SAMSUNG）及日本的東芝（TOSHIBA）為首；光學則為日本的理光（RIOCH）和佳能（Canon）為首；另外醫療技術則有5個國家都熱烈發展中，且分布比例不相上下，顯示醫療技術為現階段的重要技術領域之一，如圖15-4所示。

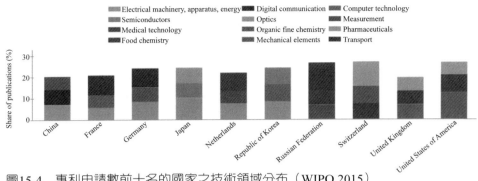

圖15-4　專利申請數前十名的國家之技術領域分布（WIPO 2015）

第八節　商標權

　　商標權（Trademark）：商標是一種產品或服務的識別標示。《商標法》的目的為保障商標權及消費者利益，維護市場公平競爭，促進工商企業正常發展。商標得以文字、圖形、記號、顏色、聲音、立體形狀或其聯合式所組成，且是採申請制度，期限10年，可延展。

　　實體世界已註冊的商標，在網路世界是否得以延用？如網域名稱（Domain-name）的申請，因法律尚有爭議，造成部分商標被網路使用者優先登記，商家為拿回商標網域名稱，往往需付出龐大代價。但依我國智慧財產局智商980字第890015273號商標法令解釋，以他人商標文字搶先登記為網域名稱者，在「以他人註冊商標登記為網址名稱，並於網頁或相關網路資訊上表彰他人同一或類似商品或服務者」的情況時，會導致與他人之商品、服務營業之設施或活動有所混淆，可能會構成《商標法》第六十一、六十二條等侵害商標專用權之情事。

　　以下案例是有關商標權之案例，一不小心就會觸法，不得不留意。

案例15-5　0.1度C的差異

　　以平價咖啡起家的85℃，先前對商標相似度極高的85.1℃提出侵權告訴，儘管85.1℃已經結束營業，但臺北地院審理後，還是認為85.1℃的確影響85℃的商譽和正常收益，必須賠償對方47萬，還必須在報紙上刊登判決主文。（TVBS 2008）

案例15-6　Linsanity商標權林書豪獨有

　　林書豪提交了對「Linsanity」（林瘋狂）商標使用權的申請，而在林書豪申請之前，曾經有兩位人士申請過「Linsanity」的商標使用權，另有一位名叫斯雷頓的人曾經在2010年購買了「Linsanity」的網站域名。但歷經3個多月的訴訟，美國專利商標局正式宣布，「Linsanity」的商標權為林書豪個人所有。（蔡岳勳 2012）

案例15-7　愛馬仕不容馬車商標被侵權，扣押1千個嬌蕉包

　　「嬌蕉包」原本的「馬車（已改為兔子）」商標幾乎與名牌愛馬仕（HERMES）相同，惹惱生產愛馬仕的法商埃爾梅斯公司，以嬌蕉包所屬的嬌蕉國際、光琦興業公司違反《商標法》，跨海向臺北地院聲請假扣押獲准。（蔡岳勳 2012）

案例15-8　涉嫌賣假愛馬仕包判賠2.5億元

　　櫃姐原任職於北市麗晶酒店愛馬仕專櫃，私下聯絡貴賓級的熟客，向她們兜售4個假包。之後因為有人將包包轉賣，被二手精品業者發現，送至法國總公司鑑定，前櫃姐賣假包的事情才曝光。愛馬仕跨海打官司求償售價的500倍，大約是10.25億，不過最後法官判賠2.5億。（蔡岳勳 2012）

第九節　營業祕密

　　營業祕密係指方法、技術、製程、配方、程式、設計或其他可用於生產、銷售或經營之資訊。營業祕密通常具有投資上效益或者是可以帶來較高競爭優勢的智慧資產。營業祕密法的目的為保障營業祕密，維護產業倫理與競爭秩序，調和社會公共利益，受僱人於職務上研究或開發之營業祕密，歸僱用人所有。

　　高科技產業的企業為維護企業獲利目標以及確保企業的永續發展，通常投資相當高的金額於研發新技術，但研發的主角是員工，是員工的智慧結晶，雖然研發的成果屬於企業，但員工智慧內的東西是無法移除，若轉換工作至新公司任職，如何界定是否竊取了原公司的商業機密？2004年1月，威盛公司因涉嫌竊取友訊的技術軟體，公司負責人以及由友訊轉任威盛的員工均遭檢方求刑。於2004年8月雙方達成和解，據傳和解金達17億。

第十節　積體電路電路布局保護法

　　積體電路電路布局保護法：為防止積體電路（IC）遭人模仿所訂立之法律。電路設計必須投入大量腦力及經費，因此對創作者有必要加以保護。受僱人職務上完成之電路布局創作，由其僱用人申請登記，期間為10年。

習題

1. 智慧財產權法的意義為何？
2. 臺灣的智慧財產權之法律保障有哪些？
3. 智慧財產權的性質有哪些？
4. 著作的內容包含哪些？
5. 專利權的種類有哪些？

6. 申請專利時需要評估哪些要件？

7. 商標權可以由哪些形式呈現及時效為多久？

8. 何謂營業祕密？

9. 何謂積體電路電路布局保護法？

問題討論

1. 當著作人死亡後，我們是否可以立刻將他的小說隨意改拍為電影？

2. 是否可以利用德國人的音樂編曲，不必徵求著作財產權人的同意？

3. 網路上供人下載的免費軟體都不受《著作權法》保護，所以我可以燒成大補帖光碟，再去賣給別人？

4. 合法軟體所有人可以自己使用正版軟體，是否可以同時將備用存檔軟體借給別人使用？

5. 小花在他人的部落格看到一篇文章很棒，對所有考生很有幫助，她是否可以把文章複製在自己的部落格裡？

參考文獻

1. 維基百科，智慧財產權。

2. 徐振雄（2015），《智慧財產權概論（第三版）》，新文京。

3. 蔡惠如（2012），受邀前往日本東京、大阪演講簡報，智慧財產法院。

4. 羅有隆（2010），資訊財產權講義，朝陽科技大學。

5. 蔡文居（2001），成大學生宿舍遭檢調搜索，自由電子時報網。

6. 蔡岳勳（2012），智慧財產權法暨案例簡介，雲林科技大學。

7. 五洲國際專利商標事務所，臺灣專利制度，http://www.5patent.com.tw/system/1。

8. 智慧財產局專利要素，經濟部智慧財產局。

9. 世界智慧財產權組織（WIPO）資料庫，Intellectual Property Statistics，World Intellectual Property Organization。

第十六章
倫理抉擇個案分析
八大步驟

在前面章節的案例探討中有許多互相矛盾的問題出現，有些問題可能呈現強烈對與錯的差別，使我們能夠很輕易的判斷出對與錯，如作奸犯科、偷工減料。但有些卻造成我們判斷的困擾，導致很難快速下決定。有些問題則見仁見智，不同的角色對事情好壞的判定，會有極大的不同。如某公司在接到一份大訂單是一件可喜的事，此訂單可以維持公司的營運，使員工生計可以有所保障，老闆可因此獲利，但其可能帶來汙染環境的影響卻是難以避免，這時我們要如何取捨是一項難題。

本章節將介紹倫理問題解析的方法，配合案例的說明，來幫助讀者剖析倫理問題的所在，進而做出明智的抉擇。

第一節　倫理問題分類

根據Harris等人（2005）將倫理問題分成兩大類，分別是畫線問題（Line Drawing Problem）以及衝突問題（Conflict Problem），畫線問題是屬於模稜兩可的倫理問題，而衝突問題則是當衝突發生時所造成的問題，分別說明如下。

一、畫線問題

此類問題可用決疑法（Casuistry）來解析，即從比較參考個案來決定某一個案例之倫理評量。將絕對對的個案置於線的一端，絕對錯的個案置於另一端，有爭議之個案則介於其間。在這裡我們將利用以下10則有偷盜嫌移的案例來說明（Harris et.al 2005）：

1. 闖入商店，拿走3000元的貨品。

2. 夜裡拿走博物館之珍藏。

3. 騎走未上鎖的腳踏車。

4. 利用公司時間發展一套軟體，改進完成後，用自己的名字申請專利。

5. 利用你在甲公司所發展出之管理技術而使用於乙公司。

6. 利用你在甲公司所發展出的理念而使用在乙公司非常不同的化學製程中。

7. 向友人借書，未留意而沒還，友人遠行後，你決定留下。

8. 在街上你看到有人掉下10元硬幣，你就撿起占為己有。

9. 在街上撿到10元硬幣。

10. 向人借一張紙而未還。

在以上案例中，有些你會較明確地判定是偷盜或不是（如1-3及9-10），有些則有疑問，因此有以下的歸類：

1-3　　被公認為違反倫理的偷盜案例（Negative Paradigm Cases）

9-10　　為公認為非偷盜的案例（Positive Paradigm Cases）

4-8　　則為待判定問題的案例（Problematic Cases）

當我們在判定倫理問題的對與錯時，往往我們會依據以往的經驗、個人道德觀、共同道德觀、倫理規章及倫理上的敏感性，就所發生之實際情況加以檢討。我們先產生疑問，確定了問題所在，加以分析，如屬於畫線問題，則可以採用決疑法來分類，解決問題；有時則需再收集更多的事實，探究進一步的議題，回到發生的場景中判定問題的癥結所在，形成迴圈，讓問題被界定及解決。

二、衝突問題

衝突問題發生當兩種行為產生相互矛盾的結果時，其解決的技術分成以下三種情況：

1. 簡單抉擇（Easy Choices）：選擇具較高優先權的一方（如人類福祉優於公司的利益）。

2. 創意式中間抉擇（Creative Middle Way）或簡稱創意抉擇：同時兼顧矛盾雙方的需求。

3. 困難抉擇（Hard Choices）：不能兼顧部分重要義務。

以下例子可說明此三種情況。當工程師小王自己開業，潛在客戶要求進行一件明顯違法的工程，小王可以輕易地婉拒這個機會，以免危害社會大眾或使自己違法，此為簡單抉擇之例。若小王受僱於某公司，其經理要求他一定得接下此工程，而小王因家計之故接下此工程，則小王作出困難的抉擇，未能兼顧到大眾的利益，只顧到上司的命令及公司的利益。也許此時，小王可以兼顧多方的需求，進行創意抉擇，例如幫經理去找另一個合法的工程來做，或辭職另找工作等。

在第三章問題探討中的聯信廢水案例中，江大偉所面臨到的衝突起碼有以下幾種：

1. 江大偉是公司的員工，有責任為公司謀利益。

2. 江大偉有責任保護自己的工作。

3. 江大偉有責任對社會大眾誠實。

4. 江大偉身為工程師，有責任維護社會大眾的健康。

為了社會大眾的福祉，江大偉有責任要求公司改善廢水處理的問題，如此可能帶來工作不保的情形，但他也是公司的一分子，有責任為公司謀取利益，而此兩種想法或行為有時是衝突的，需要更有創意的處理。

與先前的畫線問題一樣，當我們在判定倫理問題的對與錯時，往往我們會依據以往的經驗、個人道德觀、共同道德觀、倫理規章及倫理上的敏感性，就所發生之實際情況加以檢討。先產生疑問，確定了問題所在，加以分析，如果是衝突問題，可以用三種方法加以制定，決定我們的行動；有時則需再收集更多的事實，探究進一步的議題，回到發生的場景中判定問題的癥結所在，形成迴圈，讓問題被界定與解決。

第二節　八大步驟法

當我們遇到無論是畫線問題或是衝突問題都無法立即判定處理方法的難題時，我們可以利用IIT（Illinois Institute of Technology）所發展出來的倫理解析方法，依照以下八大步驟去探討於執行：

1. 倫理問題定義及敘述
2. 存在的事實
3. 受影響的單位
4. 違反之倫理守則
5. 尋找可行方案並繼續檢視事實
6. 分別評估各可行方案
7. 結合、建構最佳方案
8. 執行

以下將使用第三章所提到聯信廢水的案例解釋八大步驟法的每一項步驟，讓讀者了解如何使用這項工具。

案例16-1　聯信廢水案例

聯信電腦公司是一家生產電腦零件的製造廠商，它所排出的廢水中含有少量的鉛與砷。而市政府廢水處理廠處理全市的廢水，並將處理之後的污泥賣給晶華肥料場。晶華肥料場利用污泥加工生成肥料再賣給農夫。數年前市政府曾建立一個限制重金屬排放的標準，以避免排放的污水破壞農地土壤的品質。這個標準比全國標準還要高出十倍。然而這個標準是根據排放濃度所定的，卻沒有對排放物質的總重量設限。目前聯信公司所排放的廢水符合市政府的標準，然而聯信電腦公司的環保人員知道有一種更準確的測試方法。若採用這種測試方法，聯信公司所排放的廢水將超過政府的標準，

因此須投資許多的資金改善廢水處理設備。李智濤是前聯信的環境工程顧問，因為支持使用這種測試方法而遭到革職。不久聯信接到一份大訂單，必須生產5倍目前的產量，這也意味著要排放五倍的重金屬。總經理郭益誠對得到此一訂單，非常欣慰，因而嘉許工程經理徐德璽。然而徐屬下江大偉是聯信公司的環境工程師，他發現近來公司所排放的廢水均超過市政府的標準，在多次向郭益誠總經理說明其嚴重性，均未得到理會後，江大偉決定以「向大眾公開」的方式採取行動。因此展開電視報導，由記者黃磊揭露。（饒忻2011）

一、步驟1：倫理問題定義及敘述

在第一步驟時，我們首先要定義問題的所在，如此才能對症下藥，進而解決問題。有時一個事件的發生可能牽扯到好幾個不同的倫理問題或是不同的人物，每個人物所面對到的倫理問題也不盡相同，因此必須要確認我們是以哪個角色去面對這個倫理問題。

聯信廢水處理事件案例中，郭總經理所面臨的倫理問題是該公司經營管理的方向與社會利益發生衝突時該如何處理？而江大偉工程師所面臨的倫理問題是當公司利益與社會利益和個人利益相衝突時要如何處理？以下各步驟的討論將定位在郭總經理方面，探討郭總經理會遇到哪些問題。

二、步驟2：存在的事實

當一個問題發生時，需要去了解與這個問題有關的事實，諸如問題發生的前因後果以及可能帶來的影響。存在的事實就像解決問題的限制條件，大都是不可改變的事實，但也有些在解決問題時，常會被拿出來討論或提出質疑的。

在聯信廢水處理事件中，存在的事實有以下幾項：

1. 聯信公司是電腦零件製造商。

2. 聯信所排放的廢水中含有少量的鉛與砷。

3. 市府處理廢水後，將汙泥賣給晶華肥料廠，晶華加工後賣肥料給農夫。

4. 市府根據濃度所制定之重金屬排放標準比全國標準高出10倍。

5. 按舊法量測，聯信排放之廢水符合市府標準，但若是按照新法則超出標準，如果需要改善，則需花費大量金錢去改善廢水處理設備。

6. 最近聯信得到一份大訂單，需要目前五倍的產量，意味著將排放五倍的重金屬。

7. 江大偉希望郭總改善廢水處理設備，而郭總以公司經濟狀況為由拒絕所請求。

8. 江大偉向電視臺揭露公司祕密。

三、步驟3：受影響的單位

　　為了在分析時了解有哪些單位可能受到影響，因此在第三步驟時，本方法要求列出受影響的單位，以便在後面提出一些方案時，可以幫助思考各單位被影響的程度，進而作為方案可行性評估的參考。

　　在聯信廢水事件中，受到影響的單位有：

1. 聯信公司

2. 郭總

3. 廢水處理廠

4. 江大偉

5. 晶華肥料廠

6. 大訂單的給予者

7. 農夫

8. 社會大眾

9. 電視臺等

四、步驟4：違反之倫理守則

此步驟針對所遭遇之案例，檢驗是否符合倫理守則檢驗時的情況，可針對所違反的守則中，檢討如何改善，以提出更佳的方案。而在進行此步驟之前，我們的共識是：所用之倫理守則是我們行為的準繩。在此我們參考了《中國工程師信條實行細則》及《美國專業工程師學會（NSPE）會員守則》（附錄A），作為我們的依據。

在聯信廢水事件中，違反之倫理守則有：

1. 〔美〕㈠基本準則之1.應將公眾之安全、健康與福祉視為至高無上。
2. 〔美〕㈢專業責任之2.應時時致力為公眾利益而服務。
3. 〔中〕㈠1.守法奉獻之⑹預防公共危害事件，保障社會大眾。
4. 〔中〕㈠2.尊重自然之⑴保護自然環境，不從事危害生態平衡的產業。

五、步驟5：尋找可行方案並繼續檢視事實

在這個步驟中，主要的目的在於尋找其他可行的方案並與原來的方案做比較，在進行尋找的過程則需要不斷地檢視每個方案的利弊與得失，進行充分討論。在聯信廢水處理事件中，郭總經理選擇的方案是不在廢水處理設備上花錢做改善，而當大訂單來時，暗示可用稀釋的方式來達到排放標準，而此種行為可能會危害到社會大眾，江大偉屢次進言未果，以致向電視臺公開公司的祕密。以上是聯信事件所遭遇的方案，即原本方案：接下大訂單，不考量汙染的影響。

於此針對總經理的角色，聯信事件示範性的方案：

1. 不接大訂單。
2. 不接大訂單，但改善排放廢水工程，因應未來需要。
3. 不接大訂單，但改善製程，使排放廢水無問題，以因應未來需要。
4. 接下大訂單，但外包給廢水處理較好的公司。

5. 接下大訂單，改善排放廢水工程，使排放廢水無問題。

6. 接下大訂單，改善製程，使排放廢水無問題。

六、步驟6：分別評估各可行方案

在進行評估各可行方案之前，我們得先列出評估準則，而評估準則的產生，在於我們的目標，並且需經過討論及得到共識，因為不同的評估準則可能導致選出不同的方案。在此我們將評估準則分成道德信念以及效益、行為後果進行討論，其意涵如下：

1. 道德信念——是否有益或危害環境？是否有益或危害社會大眾？是否有益員工或陷員工於不義？……。

2. 效益、行為後果——利潤、公司聲譽、時效、未來發展……。

根據以上定義以及第五步驟找出的可行方案，與原方案進行評比，希望找出最佳的可行方法，結果如圖16-1：

準則	方案（原）	(1)	(2)	(3)	(4)	(5)	(6)
社會大眾	+		+	+	+	+	+
環境	+		+	+	+	+	+
員工	+		+	+	+	+	+
公司聲譽	+		+	+		+	+
利潤	-		-/+	-/+	+	-/+	-/+
未來發展			+	+		+	+
時效					+	-	-
綜合評估	4+/1-		5.5+/0.5-		5+	5.5+/1.5-	

1.每一方案在不同準則之評比有+有－，表示衝突。

2.由以上簡單之評估工作，可判定方案(2)(3)或(4)為較佳之方案。

圖16-1　可行性評估結果（饒忻 1999）

七、步驟7：結合、建構最佳方案

在步驟六所找出來的方案，其實只是初步較佳的方案，而步驟五至步驟七其實是一迴圈，經過多次迴圈的評比，便可得到最佳方案。在每一迴圈開始時，我們可合併先前的方案，使它變成一個新的方案，像是將步驟六的方案(2)(3)或(4)合併起來，變成「先一面外包一面改善製程或廢水工程，待工程完成後再自製」這樣。再找尋其他新的方案以及新的評估準則下去做評比，讓我們在尋找到最佳方案時能達到盡善盡美、面面俱到。

八、步驟8：執行

一旦我們找出最佳方案後，我們就必須開始擬定執行計畫，一一列出我們的步驟、時程、參與的人所需花費的成本及可能得到的效益等，並開始依照計畫執行，力求達到完美的狀況。

九、注意事項

在進行此八大步驟時，有以下幾點注意事項是值得留意的：

1. 原則上，此方法一次解決一個倫理問題。
2. 在方案評估中，評估準則應考量多方面的因素。依照不同的準則，對不同方案給予相對的評分，並依照評比來選定較佳方案。在評估方案中所使用準則之選取，會有著決定性的影響去使哪一個方案被選中，因此可以從較廣的層面來探討，或經過多回合的選取。
3. 統合建構最佳方案之優點，即統合原先各方案之優點再進行評估。
4. 在評估方案時，給予評比的方式有很多種，而在這個範例中所示範的，只是簡單的「＋」與「－」而已。當讀者在使用這套方法時，可給予分數，並且可以對不同評估準則設置不同權重，如此一來便能很輕易的比較出誰優誰劣，進而選擇較佳的評比。

本章節所提出之八大步驟，有系統地介紹了一套倫理解析的方法，其目的在於化解利益的衝突，並從不同的角度去探討倫理問題，找尋最佳的

可行方案，以達到多贏的目標。另外公共工程委員會（2007）也提出另一倫理解析方法，也是可以參考的。

習題

1. 八大步驟分別為哪些項目？
2. 評比的方式除了使用（＋）以及（－）之外，還有哪些方法？

問題討論

1. 在本章的案例中，你還會提出哪些可行方案，並且其得到的評比是多少。
2. 當廠商送你以下禮物時：
   (1) $5的公司紀念原子筆
   (2) 邀請你去打高爾夫球
   (3) 高爾夫球的會員證
   (4) 邀請去澳洲參加專業講習
   (5) 邀請去澳洲參加釣魚
   (6) 大家變成有朋友，邀請搭乘私人飛機去太平洋小島渡假利用畫線問題解析時，你會如何處理？
3. 供應商贈送什麼樣的禮物是你可以接受的？為什麼？
4. 事後接受與事前接受廠商禮物有什麼不同？你比較會接受何種禮物？

參考文獻

1. 饒忻（1999），聯信廢水案例，中原大學工程倫理課程講義。
2. 饒忻（2011），八大步驟法，中原大學工程倫理課程講義。
3. Harris, Charles E., Jr, Pritchard, Michael S., Rabins, Michael J. (2005), Engineering Ethics-Concepts & Cases, WADSWORTH.
4. 公共工程委員會（2007），工程倫理手冊，行政院公共工程委員會。

附錄A
專業工程倫理守則

一、中國工程師信條實行細則（1996）

㈠工程師對社會的責任

1. **守法奉獻 —— 恪遵法令規章，保障公共安全，增進民眾福祉。**
   ⑴遵守法令規章，不圖非法利益，以完善之工作成果，服務社會。
   ⑵涉及契約權利及義務責任等問題時，應請法律專業人士提供協助。
   ⑶尊重智慧財產權，不抄襲，不竊用；謹守本分，不從事不當利益之業務。
   ⑷工程招標作業應公正、公開、透明化，採用公平契約，堅守業務立場，杜絕違法情事。
   ⑸規劃、設計及執行生產計畫，應以增進民眾福祉及確保公共安全爲首要責任。
   ⑹落實安全衛生檢查，預防公共危害事件，保障社會大眾安全。

2. **尊重自然 —— 維護生態平衡，珍惜天然資源，保存文化資產。**
   ⑴保護自然環境，充實環保有關知識及實務經驗，不從事危害生態平衡的產業。
   ⑵規劃產業時應做好環境影響評估，優先採用環保器材物質，減少廢棄物對環境之影響。
   ⑶愛惜自然資源，審慎開發森林、礦產及海洋資源，維護地球自然生態與景觀。
   ⑷運用科技智慧，提高能源使用效率，減少天然資之浪費，落實資源回收與再生利用。
   ⑸重視水文循環規律，謹慎開發水資源，維護水源、水質、水量潔淨充沛，永續使用。

(6)利用先進科技，保存文化資產，與工程需求有所衝突時，應盡可能降低對文化資產的衝擊。

㈡工程師對專業的責任

1. **敬業守分——發揮專業知識，嚴守職業本分，做好工程實務。**
   (1)相互尊重彼此的專業立場，結合不同的專業技術，共同追求工作佳績。
   (2)承辦專業範圍內所能勝任的工作，不製造問題，不做虛假之事，不圖不當利益。
   (3)凡需親自簽署的工程圖說或文件應確實辦理或督導、審核，以示負責。
   (4)不斷學習專業知識，研究改進生產技術與製程，以提高生產效率。
   (4)謹守職責本分，勇於解決問題，不因個人情緒、得失，將問題複雜化。
   (6)工程與產業之規劃、設計、執行應確遵相關規定及職業規範，堅守專業立場，負起成敗責任。

2. **創新精進——吸收科技新知，致力求精求進，提升產品品質。**
   (1)配合時代潮流，改進生產管理技術，提升產品品質，建立優良形象。
   (2)不斷吸取新知，相互觀摩學習，交換技術經驗，做好工程管理，掌握生產期程。
   (3)適時建議修訂不合時宜之法令規章，以適應社會進步、產業發展及營運需要。
   (4)重視研究發展，開發新產品，追求低成本高效率，維持技術領先，強化競爭力。
   (5)運用現代管理策略，結合產業技術與創新理念，提升產品品質及效率。
   (6)建立健全的品保制度，做好製程品管，保存檢驗紀錄，以利檢討改進。

㈢工程師對雇主的責任

1. **真誠服務——竭盡才能智慧，提供最佳服務，達成工作目標。**
   (1)竭盡才能智慧，熱誠服務，並以保證品質、提高業績為己任。
   (2)遵守契約條款規定，提供專業技術服務，避免與雇主發生影響信譽

及品質之糾紛。

⑶充分了解雇主之計畫需求，明白說明法令規章之限制，以專業所長提供技術服務。

⑷彼此相互尊重，開誠布公，交換業務改進意見，共同提升生產力，達成目標。

⑸不斷檢討改進缺失，引進新式、高效率之生產技術及管理制度，以提高生產效率。

⑹不向材料、設備供應商、包商、代理商或相關利益團體，獲取金錢等不當利益。

2. 互信互利 ── 建立相互信任，**營造雙贏共識，創造工程佳績。**

⑴服務契約明訂工作範圍及權利義務，並以專技術及敬業精神履行契約責任。

⑵與業雇主誠信相待，公私分明，不投機，不懈怠，共同追求雙贏的目標。

⑶定期向業雇主提報工作執行情形，明確提出實際進度、面臨之問題及建議解決方案。

⑷體認與業雇主為事業共同體，以整體利益為優先，共創營運佳績。

⑸應本專業技術及職業良心盡力工作，不接受有業務往來者之不當招待與饋贈。

⑹堅持正派經營，不出借牌照、執照，不轉包，不做假帳，不填不實表報。

㈣工程師對同僚的責任

1. 分工合作 ── 貫徹專長分工，注重協調合作，增進作業效率。

⑴力行企業化管理，明確權責劃分及專長分工，不斷追蹤考核，以提升工作效率。

⑵主動積極服務，密切協調合作，整合系統介面，相互交換經驗，共同解決問題。

⑶虛心檢討工作得失，坦誠接受批評指教，改進缺點發揮所長，共創業務佳績。

⑷不偏激獨行，不堅持己見，不同流合汙，吸取成功的經驗，記取失敗的教訓。

⑸相互協助提攜，不爭功諉過，不打擊同僚，以業務績效來贏得聲譽與尊嚴。

⑹尊重同僚之經驗與專業能力，分享其成就與榮耀，不妒忌他人，不詆毀別人來成就自己。

2. 承先啟後——矢志互勵互勉，傳承技術經驗，培養後進人才。

⑴經常自我檢討改進，不分年齡、性別及職位高低，相互切磋學習。

⑵潔身自愛，以身作則，尊重他人，提攜後進，謹守職業道德與倫理。

⑶培養後進優秀人才，重視技術經驗傳承，盡心相授，共同提升工程師的素質。

⑷從工作中不斷學習，記錄執行過程與經驗，撰寫心得報告，留傳後進研習。

⑸注重技術領導，理論與實務並重，主動發掘問題，共謀解決之道。

⑹確實履行工程師信條及實行細則，提升工程師形象，維護工程師團體的榮譽。

參考文獻：中國工程師學會（1996），中國工程師信條實行細則，http://www.cie.org.tw。（2018.2.1）

二、公共工程委員會——工程倫理守則（2007）

㈠八大構面

1. 個人——端正言行、勝任能力、公平競爭……
2. 專業——持續進修、永續發展、過度宣傳問題……
3. 同僚——領導、服從、利益衝突、群己合作……

4. 雇主／組織——忠誠度、兼差、公器私用、侵占問題

5. 業主／客戶——誠信、業務保密、智財權、契約課題

6. 承包商——贈與餽贈、圍標、回扣、採購問題……

7. 人文社會——公共福祉、衛生安全，社會秩序……

8. 自然環境——汙染、生態失衡、資源損耗問題……

㈡基本守則

1. 對個人的責任——善盡個人能力，強化專業形象

⑴工程人員應恪守法規，砥礪言行，以端正整體工程環境之優良風氣，並維護工程人員之專業形象。

⑵工程人員不得以任何直接或間接等方式，向客戶、長官、承包商等輸送或接受不當利益。

⑶工程人員應了解本身之專業能力及職權範圍，不得承接個人能力不及或非專業領域之業務。

⑷工程人員應對於不同種族、宗教、性別、年齡、階級之人員，皆公平對待。

⑸工程人員應彼此公平競爭，不得以惡意中傷或誣衊等不當手段，詆毀同業爭取業務。

⑹工程人員不得擅自利用組織或專業團體之名，圖利自己。

2. 對專業的責任——涵蘊創意思維，持續技術成長

⑴工程人員應持續進修專業技能與相關知識，提升工作品質。

⑵工程人員不得誇大或僞造其專業能力與職權，欺騙公眾，引人誤解。

⑶工程人員應積極參與專業團體，並藉由論文發表等進行技術交流，提升整體專業技術與能力。

⑷工程人員應秉持專業觀點，以客觀、誠實之態度勇於發言，支持正當言論作爲，並譴責違反專業素養及不當之言行。

⑸工程人員應尊重他人專業與智慧財產，不得剽竊他人之工作成果。

(6)工程人員應隨時思考專業領域之永續發展，並致力提升公眾之認同與信賴，保持專業形象。

3. **對同僚的責任──發揮合作精神，共創團隊績效**
   (1)工程人員應尊重前輩、虛心求教，並指導後進工程人員正當作為及專業技術。
   (2)工程人員不得對下屬作不當指示。
   (3)工程人員應對於同僚業務上之不當作為，婉轉勸告，不得同流合汙。
   (4)工程人員應與同僚間相互信賴、彼此尊重，並砥礪切磋，以求共同成長。

4. **對雇主／組織的責任──維護雇主權益，嚴守公正誠信**
   (1)工程人員應了解及遵守雇主之組織章程及工作規則。
   (2)工程人員應盡力維護雇主之權益，不得未經同意，擅自利用工作時間及雇主之資源，從事私人事務。

5. **對業主／客戶的責任──體察業主需求，達成工作目標**
   (1)工程人員應秉持誠實與敬業態度，溝通與了解業主／客戶之需求，維護業主／客戶正當權益，並戮力完成其所交付之合理任務。
   (2)工程人員應對業主／客戶之不當指示或要求，秉持專業判斷，予以拒絕及勸導。
   (3)工程人員應對所承辦業務保守祕密，除非獲得業主／客戶之同意或授權，不得洩漏有損其權益之相關資訊。

6. **對承包商的責任──公平對待包商，分工達成任務**
   (1)工程人員應以專業角度訂定公平合理之契約，避免契約爭議與糾紛。
   (2)工程人員不得接受承包商之不當利益或招待，並應盡可能避免業務外之金錢來往。
   (3)工程人員不得趁其職務之便，以壓迫、威脅、刻意刁難等方式，要求承包商執行額外之工作或付出。
   (4)工程人員應與承包商齊力合作，完成任務，不得相互推諉責任與工作。

7. 對人文社會的責任——落實安全環保，增進公眾福祉

(1)工程人員應了解其專門職業乃涉及公共事務，執行業務時，應考量整體社會利益及群眾福祉，並確保公共安全。

(2)工程人員應熟知專業領域規範，並了解法規之涵義，對於不合乎規範、損及社會利益與公共安全之情事，應加以糾正，不得隨意批准或執行。

(3)工程人員應提供必要之技術資料或作業成果說明，以利社會大眾及所有關係人了解其內容與影響。

(4)工程人員應運用其專業職能，盡其所能提供社會服務或參與公益活動，以造福人群，增進社會安全、福祉與健康之環境。

8. 對自然環境的責任——重視自然生態，珍惜地球資源

(1)工程人員應尊重自然、愛護生態，充實相關知識，避免不當破壞自然環境。

(2)工程人員應兼顧工程業務需求與自然環境之平衡，並考量環境容受力，以減低對生態與文化資產等之負面衝擊。

(3)工程人員應致力發展及優先考量採用低汙染、低耗能之技術與工法，以降低工程對環境之不當影響。

參考文獻：行政院公共工程委員會，工程倫理守則，https://www.pcc.gov.tw。
（2018.2.1）

三、美國專業工程師學會會員守則National Society of Professional Engineers (NSPE) Code of Ethics (2007)

前言

工程是一項重要且博大精深的專業，身為此專業成員的工程師，社會期待展現最高誠實與廉潔的標準。工程對人類的生活品質影響直接且重大；因此，工程師所提供的服務必須誠實、無私、公平與公正，並且致力

於維護公共衛生、安全與福祉。工程師在執行專業項目時，應以倫理規範做為專業行為的最高衡量準則。

(一)基本準則

工程師在進行專業工作時，應遵守以下幾點：

1. 應將公眾之安全、健康與福祉視為至高無上。
2. 應只限於在足以勝任的領域中提供服務。
3. 應以客觀角度真實地發表公開聲明。
4. 應在專業工作上，扮演雇主或客戶的忠實經紀人或信託人。
5. 應避免欺瞞的行為。
6. 應以光榮、負責與符合倫理與法律的方式執行任務，並藉此提升工程專業的榮譽、聲望與成效。

(二)實施細則

1. **工程師應將公眾之安全、健康與福祉視為至高無上。**
   (1) 當專業見解遭否決，其後果可能危及生命或財產時，工程師應向雇主或客戶及其他相關單位報告。
   (2) 工程師應只能批准符合標準的工程文件。
   (3) 在專業職務上取得的事實、數據或資訊，未經客戶或雇主同意，不得向外透漏，經法律或本守則所授權或規定者不在此限制。
   (4) 對於明知涉嫌詐欺或不誠實的個人或公司，工程師不應允許其使用本人名義，或參與其企業活動。
   (5) 工程師不應以個人或公司名義幫助或助長非法之工程實務進行。
   (6) 工程師知道有違反本守則情事時，應立即向適當專業團體及相關權責單位報告，並應配合相關權責單位提供所需的資訊或協助。

2. **工程師應只限於在足以勝任的領域中提供服務。**
   (1) 工程師只應對其受過教育訓練或具有經驗之特定工程技術領域，才有資格承辦指派的任務。

(2)工程師不應在其專業領域外的計畫書或文件上署名，也不應在未經本人督導或審核下的計畫書或文件上簽署。

(3)在各工程階段的文件均有合格之工程師親自製作並簽署的情況下，工程師可以接受任務、負責協調整個專案，並簽署工程文件。

3. **工程師應以客觀角度真實地發表公開聲明。**

(1)工程師在提出專業報告、意見陳述、法庭證詞時，應堅守客觀誠實的態度。該等報告、陳述、證詞應包含中肯適切的資訊，並應註明日期，表示何時發生何事。

(2)工程師在充分了解有關事實，並在專業能力所及範圍內，得針對技術性問題公開發表專業意見。

(3)工程師不應為利益團體發表有關工程技術方面的聲明、評述或辯詞。除非事先表明所代表之利益團體，並公開本身從其中可獲取之報酬者，則不在此限制。

4. **工程師應在專業工作上，扮演雇主或客戶的忠實經紀人或信託人。**

(1)工程師應揭露其中可能會或看來會影響其專業判斷或服務品質之所有知道或潛在的利益衝突。

(2)工程師不應對同一專案接受兩個團體以上之報酬，不論是金錢或其他方式，皆應避免；但對所有相關團體全盤公開並經同意者，不在此限。

(3)工程師不應直接或間接從負責工作之承包商索取或接受酬金或其他貴重酬謝之物。

(4)工程師若在政府或半官方單位擔任委員、顧問或受雇人員時，不應參與工程可能委託給所在企業業務有關之決策。

(5)同單位有人在政府機構兼任委員職務時，工程師不應向該機構爭取或接受專業合約。

5. **應避免欺瞞的行為**

(1)對於自己或同事之學歷與專業能力等資格，工程師不應竄改，或任

人作不實的報導。對於先前所經辦的工程事務，不應報導失實，或誇大所負的責任。為應徵工作而製作的簡冊或介紹時，對於與雇主、雇員、同事、合夥人的關係或過去成就等事項，不應陳述失實。

⑵工程師不應直接或間接提供、給付、索取或接受任何獻金，以致影響主管單位合約的給予。不應贈送任何 物或其他貴重餽贈以爭取業務。也不應為爭取業務支付佣金、回扣或經紀費。對其屬下員工或其直接營業行銷機構，不在此限。

㈢專業責任

1. 工程師應以最高誠實與廉潔標準，導引所有專業關係。

⑴若經證實錯誤時，工程師應承認接受自己的失誤，避免為辯解而扭曲 改相關事實。

⑵專案計畫若經認定不會成功，工程師應告知雇主或客戶。

⑶工程師不應在本職之外承接其他工作損及其正常工作或角色。接受以前，均應通知雇主。

⑷工程師不應使用不實、誤導性的虛言假意，向同業挖角聘用工程師。

⑸工程師應避免為獲取私人利益，而危害專業之尊嚴與誠信。

2. 工程師應時時效力為公眾利益而服務

⑴鼓勵工程師參與公民事務，導引年輕人職涯發展，為提升社區之安全、健康與福祉而努力。

⑵工程師對不符合公認工程標準之設計書和規格，不應結案或簽署。倘若客戶或雇主執意進行違反專業之作法，應通知相關權責單位，並退出專案不再繼續提供服務。

⑶工程師應致力於加強社會大眾對工程專業及其成果的認知與評價。

⑷鼓勵工程師堅守永續發展的原則，為後代子孫保護環境。

3. 工程師應避免所有欺騙大眾的行為與作法。

⑴工程師應避免使用與事實不符的說詞或忽略重要事實的陳述。

⑵在符合前項原則下，工程師得以使用廣告徵才。

⑶在符合上述原則下，工程師得以在一般或專業刊物撰文發表。但對
　其他人員之工作成果不得居功。

4. 工程師未經現任或過去雇主或客戶的同意，不應洩漏商業事務或技術
　程序等機密資料。
　⑴未經所有相關利益單位的同意下，工程師不應尋求或接受新公司的
　　雇用，從事與在之前公司相類似技術之專業領域工作。
　⑵對於和執行前任雇主或客戶任務所得特殊專業知識有關的專案或訴
　　訟，未經所有利益相關單位之同意，工程師不應參與或出任競爭對
　　手之代表。

5. 工程師不應因利益衝突而影響其專業職責。
　⑴工程師不應接受來自材料或設備供應商的財務或其他酬報，包含不
　　收費的工程設計報酬，來指定使用他們的產品。
　⑵工程師不應自本人職務經手之包商或與客戶、雇主有往來之其他團
　　體，接受佣金或津貼，直接或間接均屬不可。

6. 工程師不應透過批評其他工程師或使用引人爭議等不正當方法，來爭
　取雇用、晉升或承接專業業務。
　⑴工程師不應在專業判斷需要妥協的情況下，要求、提出或接受專業
　　任務作為交換條件。
　⑵在受僱支薪情形下，工程師只應在符合雇主政策與倫理規範的範圍
　　內接受兼職工作。
　⑶未經雇主許可，工程師不應使用其器材設備、消耗品、實驗室、辦
　　公室等設備，用於私人外接之業務。

7. 工程師不應傷害整體工程專業之聲譽、發展前景、習慣作法或危害其
　他工程師的受雇關係，有意無意、直接或間接的方式均屬不可，也不
　應以不實的方法，論斷其他工程師的工作。若有理由認定其他人員有
　不道德或不法行為，應檢具相關資訊呈送權責機關處置。
　⑴私人執業之工程師不應審查同一客戶委託之其他工程師的業務，該

工程師預知其事或其業務關係業已終止者，不在此限。

(2) 受雇於政府、工業界、教育界之工程師，依任務之需要，得受命審查評估其他工程師之業務。

(3) 服務於工商界的工程師，有權為所代表的產品與其他供應商的產品進行工程比較。

8. **工程師應對自己的專業行為負責，若自身利益未受到保障時，可以尋求賠償，但在重大過失的情況下不得尋求賠償。**

(1) 工程師進行專業服務時，應遵守國家法律。

(2) 工程師不應利用非工程師、企業或合夥人當作遮掩，進行不符合倫理的勾當。

9. **工程師應把工程事務的功勞，歸給有功人員；也應尊重他人的所有權權益。**

(1) 工程師應儘可能分別指名列舉負責各項設計、發明、寫作報告或有其他成果的人員。

(2) 工程師使用客戶所提供的設計資料時，應知該等資料權屬客戶，未經許可不得複製供他人使用。

(3) 工程師在承辦委託業務前，若預見所作改進、規畫、設計、發明、或製作其他文件，有可能會牽涉到著作權與專利權時，應就所有權之歸屬，主動與他人達成協議。

(4) 工程師為雇主委派之業務所作的設計、資料、記錄及筆記均屬雇主之財產。但雇主要極力保護工程師除原來目的外所使用之資訊。

(5) 工程師在職業生涯中應持續發展專業，要參與專業實務、參加教育課程、閱讀技術文獻、參加專業會議與研習會等方式，以便在其專業領域上與時俱進。

參考文獻：National Society of Professional Engineers, NSPE Code of Ethics, https://www.nspe.org. (2018.2.1)

四、製造工程師學會會員專業行為守則 Society of Manufacturing Engineers (SME) Canons of Professional Conduct (2001)

1. 學會會員應在其能力與經驗勝任的領域提供服務，並披露其完整的資格證明。

2. 學會會員應考慮到工作後果以及其相關的社會問題，並設法讓公眾瞭解之間的關係。

3. 學會會員應誠實、真實及公正地陳述資訊與發表公共聲明，反映在其專業事務與角色上。

4. 學會會員處於專業關係時，不應因種族、宗教、性別、年齡、國籍或殘障等因素而有偏見。

5. 學會會員應以雇主或客戶之忠誠代理人或受託人身分為其處理專業事務，未經現在或前任客戶、雇主同意，工程師不應披露任何與他們所有權相關的商業事務或技術程序。

6. 學會會員應向相關會受影響的團體揭露已知或淺在的利益衝突，或任何可能會或將會影響專業判斷、妨害公正性或績效品質。

7. 學會會員有責任在職涯中提升自己的專業能力，並要鼓勵其他同事作同樣的努力。

8. 學會會員要對自己的作為負責；尋求且認可他人對其工作的建設性指正；對他人的工作給予誠實、建設性的指正；對他人的貢獻給予適當的功勞；且不應接受不是自己工作所得的功勞。

9. 當學會會員察覺自己的專業職務可能危害大眾現在或未來的健康與安全時，應正式告知其雇主或客戶，必要時，考慮作進一步的揭露。

10. 製造工程師學會會員依照適用的法律與憲法，根據製造工程師學會規範行事，並支持其他致力於同樣行事準則的人。

11. 製造工程師學會會員應協助防止選舉資格不符者，或不符本會倫理規範者加入。

參考文獻：Society of Manufacturing Engineers, SME Code of Ethics, http://www.sme.org (2018.2.1)

五、美國機械工程師學會會員倫理守則American Society of Mechanical Engineers (ASME) Code of Ethics(1998)

㈠基本原則

工程師堅持和提高工程專業的誠信、榮譽和尊嚴，從：

1. 應用工程師的知識和技術以提升人類福祉；
2. 以誠實、公正的態度，忠誠地服務社會大眾、雇主與客戶；及
3. 努力增進工程專業的能力與聲譽。

㈡基本準則

1. 工程師在執行任務時，應以確保社會大眾的安全、健康和福祉為首務。
2. 工程師應只在其勝任範圍內提供服務。
3. 工程師在職涯中應不斷進深自己能力，並為部屬提供發展專業與倫理的機會。
4. 工程師應以雇主或客戶之忠誠代理人或受託人身分為其處理專業事務，並應避免利益衝突，或類似狀況發生。
5. 工程師應在自己服務的績效上建立聲譽，不應以不公平的手段與他人競爭。
6. 工程師應只與有信譽的個人或組織往來。
7. 工程師應以客觀與真實的態度發表公共聲明。
8. 工程師在執行職務時，應考慮其對環境造成的影響。

㈢ASME對準則解釋之標準

ASME對基本準則的解釋是指引且代表專業成員應該努力的目標。這

是工程師在遇到特定情況下可以參考的原則。此外，他們還向ASME專業實務與倫理之工程師倫理規範委員會提供解釋性的指引。

1. 工程師在履行職責時，應以確保社會大眾的安全、健康和福祉為首務。
   (1) 工程師應認識到社會大眾的安全、健康和福祉取決於工程師在參與結構、機器、產品、製程與裝置時，所作工程上的判斷、決策和運作。
   (2) 工程師不得同意與簽署危害公共衛生與福祉，以及不符合專業工程準則的計畫書或規格。
   (3) 任何時候當工程師的專業判斷被否決，且會危害社會大眾的安全、健康和福祉的情況下，工程師應告知雇主或客戶可能產生的後果。
      a. 針對所負責的設計、產品或系統，工程師應盡力提供已公布的基準、測試規格、與品管程序等資訊，以便在其使用之壽命週期內，讓使用者能瞭解該如何安全使用。
      b. 工程師在批准設計計畫前，應對其負責的設計、產品或系統的安全與可靠度進行檢驗。
      c. 任何時候當工程師發現與工作直接有關的情況下，確信其工作會危及公共安全與健康時，應當通知適當的權責單位處理。
   (4) 若工程師覺察或有所根據確認他人或公司違反這些倫理規範時，應以書面的方式向相關權責單位反應，並與該機構合作，必要時得提供進一步的資訊或協助。
2. 工程師應只在其勝任範圍內提供服務。
   (1) 工程師應在所具備教育且／或經驗資格之特定工程領域中從事工程任務。
   (2) 工程師可以接受非本業的工作，但僅能侷限於其專業能力勝任的層面，其他部分則應交予具此專業特定資格的同事、顧問與員工執行。
3. 工程師在職涯中應不斷進深自己能力，並為部屬提供發展專業與倫理

的機會。

4. 工程師應以雇主或客戶之忠誠代理人或受託人身分為其處理專業事務，並應避免利益衝突，或類似狀況發生。

⑴工程師應避免與雇主或客戶發生利益衝突，並應及時告知雇主或客戶任何可能影響其判斷或服務品質的相關業務、利益與情況。

⑵工程師應避免接受明知可能會與雇主產生利益衝突的工作。

⑶工程師應避免在同一專案或附屬此專案的服務上，接受一個單位以上的酬勞或任何財務形式的報酬，除非所有利益相關單位皆知曉並同意此作法。

⑷未告知雇主或客戶之前，工程師不應從特定的產品、物料與設備供應商索取、接受財務或其他有價的報酬。

⑸工程師不應直接或間接從其所負責業務有關的承包商、承包商代理機構或其他相關單位，索取或收受餽贈。在官方公共政策或雇主政策允許收受適度的餽贈範圍內，工程師應遵循適當的政策，以避免利益衝突或類似狀況。

⑹當工程師於政府體系或部門擔任公共服務的委員、顧問或雇員時，不應考慮參與或執行與其工作有關的民營組織或產品工程實務。

⑺當所在的機構有成員擔任政府主管、機構官長或雇員，且未披露如此的關係或退出任何與該組織有關的活動時，工程師不應向政府部門或其他機構索取工程合約。

⑻工程師在處理規範、標準，或政府規定和規格時應在謹慎判斷下作決策以持平衡觀點，避免利益衝突。

⑼根據研究結果，工程師發現進行中的專案不能成功時，應如實向雇主或客戶反應。

⑽工程師應將在工作任務中所獲得的資訊視為機密，並且不得使用這類資訊為個人牟取私利，卻危害客戶、雇主或大眾的利益。

　　a. 除非在法律或法院命令的要求下，否則未經現在或前任雇主、客戶、投標者同意，工程師不能透露他們任何相關業務或技術程序

的機密資訊。

　　b. 除非在法律或法院命令的要求下，工程師不應透露所屬委員會或理事會的機密資訊或發現。

　　c. 未經客戶許可，工程師不應複製客戶的設計提供他人使用。

⑾ 工程師在執行營建（或其他）合約時，應當公平公正地對待所有相關單位。

⑿ 工程師之前在爲他人工作時，所提出的改善、計畫、設計、發明或其他紀錄，若值得申請著作權、專利或所有權時，應先得到相關單位正面的同意。

⒀ 工程師應勇於承擔自己所犯錯誤，避免扭曲或僞造事實，來爲自己的錯誤或決策辯護。

⒁ 工程師不得在尙未告知雇主的情況下接受其他的專業職務與工作。

⒂ 工程師不得以虛假或誤導的表現方式從其他公司或職業市場吸收員工。

5. 工程師應在自己服務的績效上建立聲譽，不應以不公平的手段與他人競爭。

⑴ 工程師應在所需服務的專業要求上展現自己的能力和資歷以議定合約。

⑵ 工程師不得索取、徵求或接受專業佣金，以免連帶使其專業判斷被迫妥協。

⑶ 工程師不得僞造或誤導自己或同事的學術或專業資格。不得誇大或虛報自己在之前工作所負的責任。在求職的文件中，也不得僞造雇主、雇員、同事與合夥人的不實資訊和成就。

⑷ 工程師預備在一般或專業技術刊物上發表的作品必須根據事實。其所出版的文件（論文、專題、報告等）若基於多人的研究心得（包括學生、督導的同事、主管、研究員或其他同仁），則必須承認他們所有的重要貢獻。未給予應得的功勞，就剽竊他人的想法或文章是不合倫理的行爲。

(5)工程師不得惡意或虛假地，直接或間接，傷害其他工程師的專業名聲、前途、工作、職務，也不得歧視性地批評他人的工作。

(6)工程師未經同意不得使用雇主的設備、物資、實驗室或辦公設施，執行私人業務。

6. 工程師應只與有信譽的個人或組織往來。

(1)工程師不應與任何已知或有所根據確認從事詐欺不誠實的商業或專業實務行為之個人或企業來往，並不得故意讓他們使用工程師或公司的名稱。

(2)工程師不應利用與非工程師、公司或合夥企業的關聯來掩飾不道德的行為。

7. 工程師應以客觀與真實的態度發表公共聲明。

(1)工程師應致力擴展大眾的知識，以避免對工程成就的誤解。

(2)工程師應在所有的專業報告、聲明或證詞中，全然的客觀與真實，且應將所有相關資訊列入這些專業報告、聲明或證詞中。

(3)工程師在任何法庭、委員會或行政裁判所，以專家或技術證人身分表達工程意見時，應該以自己的專業知識、背景能力為基礎，對於相關的議題，提供他們所確信正確、適當的證詞。

(4)除非工程師事先說明自己所代表的利益團體或政黨，並解釋為何利益考量發表言論，否則不應接受任何利益團體或政黨的酬勞或影響而發表聲明、批評、或爭辯相關的工程議題。

(5)工程師應真實的說明其工作和成就，且應避免任何藉著傷害專業或他人的廉潔與榮譽來促進自己利益的行為

8. 工程師在執行職務時，應考慮其對環境造成的影響。

(1)工程師應關心所做的計畫和設計對環境所造成的影響。當這個影響對公眾的健康或安全構成明顯的威脅時，請參照本守則第一條。

9. 接受美國機械工程師學會會員資格的工程師，同意遵守學會的倫理政策與實施程序。

參考文獻：The American Society of Mechanical Engineers, ASME Code of Ethics , https://www.asme.org (2018.2.1)

六、國際電機電子工程師學會會員倫理守則IEEE Code of Ethics (1963)

　　身為IEEE的一員，我們理解自己的技術會對世界各地生活品質造成重大影響；我們願意為我們的專業、學會的會員與所服務的社區負責，在此作出承諾要遵循最高的倫理及專業操守，並遵循以下事項：

1. 以確保社會大眾的安全、健康和福祉為首務，致力於遵守符合倫理的設計和永續發展的作法，並立即揭露可能危害公眾及環境的因素。

2. 盡其可能避免實際上或察覺到的利益衝突，並對受影響的團體披露已存在的利益衝突。

3. 據已獲得的資料，誠實與確實地陳述聲明或評估。

4. 拒絕任何形式的賄賂。

5. 改進個人及社會對於傳統與新興科技（包括智慧型系統）的功能與社會影響力之認知。

6. 維持與改進我們的技術能力，並在有合格的訓練、經驗，或充分披露相關的限制後，方可為他人執行技術性的業務。

7. 尋求、接受、及提供技術性工作的指正；認可且改正錯誤；並對他人的貢獻給予適當的功勞。

8. 公平對待所有的人，不因種族、宗教、性別、殘障、年齡、國籍、性傾向、性別認同、性別氣質而歧視他人。

9. 應避免藉由造假或惡意的行為傷害他人的財產、聲譽或職業。

10. 協助同事及同僚於專業上的發展，並支持他們遵守此倫理規範。

參考文獻：IEEE, IEEE Code of Ethics, https://www.ieee.org/about/corporate/ governance/p7-8.html (2018.2.1)

七、美國土木工程學會工程倫理守則 American Society of Civil Engineers (ASCE) Code of Ethics (2017)

(一)基本原則

1. 工程師應使用他們的知識與技術增進大眾福祉與提升環境安全；
2. 應以誠實公正的態度，忠實地服務社會大眾、雇主與客戶；
3. 努力提升工程專業的能力及聲望；及
4. 支持自身領域的專業與技術學會。

(二)基本準則

1. 工程師應以確保社會大眾的安全、健康和福祉為首務，且在執行專業職務時，應努力遵循永續發展的原則。
2. 工程師應只在其能力勝任範圍內提供專業服務。
3. 工程師應以客觀誠實的態度發表公共聲明。
4. 工程師應以雇主或客戶忠誠代理人或受託人之身分為其處理專業事務，並應避免與其利益衝突。
5. 工程師應在自己服務的績效上建立聲譽，不應以不公平的手段與他人競爭。
6. 工程師應致力於維護與提高工程專業的聲譽、品格和尊嚴，不應容忍任何賄賂、詐欺與腐敗行為。
7. 工程師在職涯中應不斷發展自己專業能力，並應為所督導的工程師提供發展專業能力的機會。
8. 工程師應在其專業生涯所有事項上，公平對待所有人，並鼓勵公平參與，不受性別或性別認同、種族、國籍、文化、宗教、年齡、性取向、殘疾、政治立場、家庭、婚姻與經濟狀況等因素影響。

參考文獻：American Society of Civil Engineers, Engineers ASCE Code of Ethics, http://www.asce.org (2018.2.1)

八、美國化學工程學會工程倫理守則American Institute of Chemical Engineers (AIChE) Code of Ethics (2015)

　　美國化學工程學會委員會採用這個倫理守則，不僅期望會員遵守，並要求每一個申請者在申請文件上簽署。美國化學工程學會會員應該以誠實、公平與誠懇的態度對待雇主、客戶及社會大眾，提升工程專業的能力及聲望，並應用知識及技能造福人類，以堅持與提升工程專業的廉潔、榮譽與尊嚴。爲達到上述的目標，會員應：

1. 在執行專業職務時，以確保社會大眾的安全、健康、福祉與維護環境爲首務。
2. 在執行專業職務時，若覺察其工作會危害同事或大眾、現在或未來的健康或安全時，應告知其雇主或客戶（並考量必要時作進一步的披露）。
3. 要爲自己的行爲負責，並尋求、留意別人對自己工作的評論，且對別人的工作提供客觀的評論。
4. 以客觀及忠實的態度發表聲明或陳述現況。
5. 以雇主或客戶之忠誠代理人或受託人身分爲其處理專業事務，並應避免與其利益衝突，且不得違反保密協議。
6. 公平對待所有的同事與同僚，並營造公平、多元、包容的環境，肯定他們卓越的貢獻與能力。
7. 只在其能力勝任範圍內提供專業服務。
8. 在自己服務的績效上建立專業聲譽。
9. 在職涯中不斷發展自己的專業，並爲所督導的屬下提供發展專業的機會。
10. 絕不容忍騷擾行爲。
11. 以公平、誠信和尊重的態度行事。

參考文獻：American Institute of Chemical Engineers, AIChE Code of Ethics, https://www.aiche.org/about/code-ethics (2018.2.1)

一、營業祕密法（民國102年1月）

第 1 條 保障營業祕密，維護產業倫理與競爭秩序，調和社會公共利益，特制定本法。本法未規定者，適用其他法律之規定。

第 2 條 本法所稱營業祕密，係指方法、技術、製程、配方、程式、設計或其他可用於生產、銷售或經營之資訊，而符合左列要件者：

　　1. 非一般涉及該類資訊之人所知者。

　　2. 因其祕密性而具有實際或潛在之經濟價值者。

　　3. 所有人已採取合理之保密措施者。

第 3 條 受僱人於職務上研究或開發之營業祕密，歸僱用人所有。但契約另有約定者，從其約定。

　　受僱人於非職務上研究或開發之營業祕密，歸受僱人所有。但其營業祕密係利用僱用人之資源或經驗者，僱用人得於支付合理報酬後，於該事業使用其營業祕密。

第 4 條 出資聘請他人從事研究或開發之營業祕密，其營業祕密之歸屬依契約之約定；契約未約定者，歸受聘人所有。但出資人得於業務上使用其營業祕密。

第 5 條 數人共同研究或開發之營業祕密，其應有部分依契約之約定；無約定者，推定為均等。

第 6 條 營業祕密得全部或部分讓與他人或與他人共有。

　　營業祕密為共有時，對營業祕密之使用或處分，如契約未有約定者，應得共有人之全體同意。但各共有人無正當理由，不得拒絕同意。

各共有人非經其他共有人之同意，不得以其應有部分讓與他人。但契約另有約定者，從其約定。

第　7　條　營業祕密所有人得授權他人使用其營業祕密。其授權使用之地域、時間、內容、使用方法或其他事項，依當事人之約定。

前項被授權人非經營業祕密所有人同意，不得將其被授權使用之營業祕密再授權第三人使用。

營業祕密共有人非經共有人全體同意，不得授權他人使用該營業祕密。但各共有人無正當理由，不得拒絕同意。

第　8　條　營業祕密不得為質權及強制執行之標的。

第　9　條　公務員因承辦公務而知悉或持有他人之營業祕密者，不得使用或無故洩漏之。

當事人、代理人、辯護人、鑑定人、證人及其他相關之人，因司法機關偵查或審理而知悉或持有他人營業祕密者，不得使用或無故洩漏之。

仲裁人及其他相關之人處理仲裁事件，準用前項之規定。

第　10　條　有下列情形之一者，為侵害營業祕密。

1. 以不正當方法取得營業祕密者。
2. 知悉或因重大過失而不知其為前款之營業祕密，而取得、使用或洩漏者。
3. 取得營業祕密後，知悉或因重大過失而不知其為第一款之營業祕密，而使用或洩漏者。
4. 因法律行為取得營業祕密，而以不正當方法使用或洩漏者。
5. 依法令有守營業祕密之義務，而使用或無故洩漏者。

前項所稱之不正當方法，係指竊盜、詐欺、脅迫、賄賂、擅自重製、違反保密義務、引誘他人違反其保密義務或其他類似方法。

第　11　條　營業祕密受侵害時，被害人得請求排除之，有侵害之虞者，得請求防止之。

被害人為前項請求時，對於侵害行為做成之物或專供侵害所用之物，得請求銷毀或為其他必要之處置。

第 12 條　因故意或過失不法侵害他人之營業祕密者，負損害賠償責任。數人共同不法侵害者，連帶負賠償責任。

前項之損害賠償請求權，自請求權人知有行為及賠償義務人時起，二年間不行使而消滅；自行為時起，逾十年者亦同。

第 13 條　依前條請求損害賠償時，被害人得依下列各款規定擇一請求：

1. 依民法第二百十六條之規定請求。但被害人不能證明其損害時，得以其使用時依通常情形可得預期之利益，減除被侵害後使用同一營業祕密所得利益之差額，為其所受損害。

2. 請求侵害人因侵害行為所得之利益。但侵害人不能證明其成本或必要費用時，以其侵害行為所得之全部收入，為其所得利益。

依前項規定，侵害行為如屬故意，法院得因被害人之請求，依侵害情節，酌定損害額以上之賠償。但不得超過已證明損害額之三倍。

第 13-1 條　意圖為自己或第三人不法之利益，或損害營業祕密所有人之利益，而有下列情形之一，處五年以下有期徒刑或拘役，得併科新臺幣一百萬元以上一千萬元以下罰金：

1. 以竊取、侵占、詐術、脅迫、擅自重製或其他不正當方法而取得營業祕密，或取得後進而使用、洩漏者。

2. 知悉或持有營業祕密，未經授權或逾越授權範圍而重製、使用或洩漏該營業祕密者。

3. 持有營業祕密，經營業祕密所有人告知應刪除、銷毀後，不為刪除、銷毀或隱匿該營業祕密者。

4. 明知他人知悉或持有之營業祕密有前三款所定情形，而取得、使用或洩漏者。

前項之未遂犯罰之。科罰金時，如犯罪行為人所得之利益超

過罰金最多額，得於所得利益之三倍範圍內酌量加重。

第 13-2 條　意圖在外國、大陸地區、香港或澳門使用，而犯前條第一項各款之罪者，處一年以上十年以下有期徒刑，得併科新臺幣三百萬元以上五千萬元以下之罰金。

前項之未遂犯罰之。科罰金時，如犯罪行爲人所得之利益超過罰金最多額，得於所得利益之二倍至十倍範圍內酌量加重。

第 13-3 條　第十三條之一之罪，需告訴乃論。

對於共犯之一人告訴或撤回告訴者，其效力不及於其他共犯。

公務員或曾任公務員之人，因職務知悉或持有他人之營業祕密，而故意犯前二條之罪者，加重其刑至二分之一。

第 13-4 條　法人之代表人、法人或自然人之代理人、受僱人或其他從業人員，因執行業務，犯第十三條之一、第十三條之二之罪者，除依該條規定處罰其行爲人外，對該法人或自然人亦科該條之罰金。但法人之代表人或自然人對於犯罪之發生，已盡力爲防止行爲者，不在此限。

第　14　條　法院爲審理營業祕密訴訟案件，得設立專業法庭或指定專人辦理。

當事人提出之攻擊或防禦方法涉及營業祕密，經當事人聲請，法院認爲適當者，得不公開審判或限制閱覽訴訟資料。

第　15　條　外國人所屬之國家與中華民國如無相互保護營業祕密之條約或協定，或依其本國法令對中華民國國民之營業祕密不予保護者，其營業祕密得不予保護。

第　16　條　本法自公布日施行。

參考文獻：《營業祕密法》（2013），全國法規資料庫，http://law.moj.gov.tw。

二、個資法（民國104年12月30日）

第 19 條　非公務機關對個人資料之蒐集或處理，除第六條第一項所規定資料外，應有特定目的，並符合下列情形之一者：
1. 法律明文規定。
2. 與當事人有契約或類似契約之關係。
3. 當事人自行公開或其他已合法公開之個人資料。
4. 學術研究機構基於公共利益為統計或學術研究而有必要，且資料經過提供者處理後或蒐集者依其揭露方式無從識別特定之當事人。
5. 經當事人書面同意。
6. 與公共利益有關。
7. 個人資料取自於一般可得之來源，但當事人對該資料之禁止處理或利用，顯有更值得保護之重大利益者，不在此限。

蒐集或處理者知悉或經當事人通知依前項第七款但書規定禁止對該資料之處理或利用時，應主動或依當事人之請求，刪除、停止處理或利用該個人資料。

參考文獻：《個人資料保護法》（2015），全國法規資料庫，http://law.moj.gov.tw。

三、著作權（民國105年11月30日）

第 52 條　1. 獲得同意授權：取得授權書或同意書，書中註明使用目的與範圍。
2. 明示資料出處：包含作者、書名、出版商、發行地點、發行日期等。
3. 合理引用量：雙方互相尊重的原則，或授權約定的內容為之。
4. 注意著作標示：如「OO公司版權所有(C)2000-2005, All Rights Reserved.」。

5. 正確連結方式：不可複製他人網頁，連結他人網頁宜跳出新視窗，以完整呈現原貌。

第 88 條　因故意或過失不法侵害他人之著作財產權或製版權者，負損害賠償責任。數人共同不法侵害者，連帶負賠償責任。

前項損害賠償，被害人得依下列規定擇一請求：

1. 依民法第二百十六條之規定請求。但被害人不能證明其損害時，得以其行使權利依通常情形可得預期之利益，減除被侵害後行使同一權利所得利益之差額，為其所受損害。

2. 請求侵害人因侵害行為所得之利益。但侵害人不能證明其成本或必要費用時，以其侵害行為所得之全部收入，為其所得利益。

參考文獻：《著作權法》（2016），全國法規資料庫，http://law.moj.gov.tw。

四、妨害名譽及信用罪（民國105年11月30日）

第 309 條　公然侮辱人者，處拘役或三百元以下罰金。以強暴犯前項之罪者，處一年以下有期徒刑、拘役或五百元以下罰金。

第 310 條　意圖散布於眾，而指摘或傳述足以毀損他人名譽之事者，為誹謗罪，處一年以下有期徒刑、拘役或五百元以下罰金。散布文字、圖畫犯前項之罪者，處二年以下有期徒刑、拘役或一千元以下罰金。對於所誹謗之事，能證明其為真實者，不罰。但涉於私德而與公共利益無關者，不在此限。

第 311 條　以善意發表言論，而有左列情形之一者，不罰：

1. 因自衛、自辯或保護合法之利益者。

2. 公務員因職務而報告者。

3. 對於可受公評之事，而為適當之評論者。

4. 對於中央及地方之會議或法院或公眾集會之記事，而為適當之載述者。

第 312 條　對於已死之人公然侮辱者，處拘役或三百元以下罰金。對於已死之人犯誹謗罪者，處一年以下有期徒刑、拘役或一千元以下罰金。

第 313 條　散布流言或以詐術損害他人之信用者，處二年以下有期徒刑、拘役或科或併科一千元以下罰金。

第 314 條　本章之罪，須告訴乃論。

參考文獻：妨害名譽及信用罪（2016），《中華民國刑法》，全國法規資料庫，http://law.moj.gov.tw。

五、妨害電腦使用罪（民國105年11月30日）

第 358 條　無故輸入他人帳號密碼、破解使用電腦之保護措施或利用電腦系統之漏洞，而入侵他人之電腦或其相關設備者，處三年以下有期徒刑、拘役或科或併科十萬元以下罰金。

第 359 條　無故取得、刪除或變更他人電腦或其相關設備之電磁紀錄，致生損害於公眾或他人者，處五年以下有期徒刑、拘役或科或併科二十萬元以下罰金。

第 360 條　無故以電腦程式或其他電磁方式干擾他人電腦或其相關設備，致生損害於公眾或他人者，處三年以下有期徒刑、拘役或科或併科十萬元以下罰金。

第 361 條　對於公務機關之電腦或其相關設備犯前三條之罪者，加重其刑至二分之一。

第 362 條　製作專供犯本章之罪之電腦程式，而供自己或他人犯本章之罪，致生損害於公眾或他人者，處五年以下有期徒刑、拘役或科或併科二十萬元以下罰金。

第 363 條　第三百五十八條至第三百六十條之罪，須告訴乃論。

參考文獻：妨害電腦使用罪（2016），《中華民國刑法》，全國法規資料庫，http://law.moj.gov.tw。

國家圖書館出版品預行編目資料

專業倫理：工程倫理／饒忻著. ──初
版.──臺北市：五南, 2018.03
　面；　公分
ISBN 978-957-11-9546-9 (平裝)
1.工程　2.專業倫理
198.44　　　　　　　　106024818

1XDH通識系列

專業倫理
工程倫理

作　　者─ 饒忻

發 行 人─ 楊榮川

總 經 理─ 楊士清

副總編輯─ 黃惠娟

責任編輯─ 蔡佳伶

校對編輯─ 周雪伶

封面設計─ 黃聖文

出 版 者─ 五南圖書出版股份有限公司

地　　址：106台北市大安區和平東路二段339號4樓

電　　話：(02)2705-5066　　傳　　真：(02)2706-6100

網　　址：http://www.wunan.com.tw

電子郵件：wunan@wunan.com.tw

劃撥帳號：19628053

戶　　名：五南圖書出版股份有限公司

法律顧問　林勝安律師事務所　林勝安律師

出版日期　2018年3月初版一刷

定　　價　新臺幣380元